LE
MÉMENTO D'AVIGNON

PAR

CLÉMENT St-JUST

AVIGNON
IMPRIMERIE J. GUIGOU
—
1907

LE
MÉMENTO D'AVIGNON

LE
MÉMENTO D'AVIGNON

PAR

CLÉMENT St-JUST

AVIGNON
IMPRIMERIE J. GUIGOU
1907

PRÉAMBULE

Les habitants d'une ville n'ont pas tous besoin d'être savants, mais tous ceux qui pensent ont le besoin, sinon le désir, de trouver, dans un coin de leur mémoire, les grandes dates, et comme le cadre de l'histoire locale. Dans les édifices, dans les pans de murs, les pierres parlent. On ne peut les entendre, si l'on ne possède un formulaire ; tous ne l'ont pas : pour Avignon, ce formulaire le voici.

J.-C. CLÉMENT ST-JUST.

LE
MÉMENTO D'AVIGNON

L'HISTOIRE

En Gaule, Avignon fut le centre principal des populations *Cavares*, qui faisaient partie de la grande race celte. Leurs villes notables furent Avignon, Cavaillon, Orange, Vindalium (Vedènes).

Vers l'an 120 avant J.-C., le pays du bas Rhône et les côtes avoisinantes furent réduits en province romaine ; d'où ce nom de *Provence* qui est resté à la région. Avignon fut alors une cité importante de la Gaule Narbonnaise.

Sous Auguste, elle fut comprise dans la province qui eut Vienne pour capitale, embrassant toute la rive gauche du Rhône, depuis Marseille jusqu'à Genève.

Ce fut sous le régime romain que s'édifièrent dans la contrée, au premier et au second siècles, quelques-uns plus tard, ces monuments qui attestent la grandeur du peuple conquérant, à Orange, à Vaison, à Carpentras, à Cavaillon. Avignon fut davantage ravagée par les invasions ; aussi n'a-t-elle conservé, de ses constructions romaines, qu'un vague souvenir et de tristes débris.

A la chute de l'Empire romain, cette ville fut occupée successivement par les Vandales (405), par les Burgondes (413), par les Ostrogots (504), par les rois Francs qui se la disputèrent jusqu'à la conquête sarrasine qui l'envahit à son tour (731).

Charles Martel y assiégea les Infidèles, la prit (737), la démantela de son enceinte romaine, et la rangea sous le sceptre carlovingien.

Après le démembrement de l'Empire de Charlemagne, Avignon fit partie du royaume d'Arles, fondé par Bozon, en 879.

Par la suite, les comtes de Provence et de Toulouse, l'un et l'autre descendants de Boson, faute de s'entendre autrement, la possédèrent enfin par indivis, en vertu de leur traité de Beaucaire de 1125.

Mais, en fait, la commune d'Avignon s'était peu à peu fortement constituée et sa sujétion fut purement nominale. Il y eut une sorte d'indépendance, sous le gouvernement de l'évêque, des consuls, puis du podestat, une république *impériale*, dont les privilèges furent sanctionnés par l'empereur d'Allemagne, suzerain nominal de l'ancien royaume d'Arles, lequel avait été réuni à l'Allemagne en 1032.

L'étendue de ce petit gouvernement municipal ne se bornait pas à la cité d'Avignon : il franchissait le Rhône et la Durance et rayonnait sur des territoires sis en Provence et en Languedoc (1).

Ce fut une époque de richesse et de grandeur. Sous ce régime, qui dura plus d'un siècle, Avignon fut assez riche pour construire, avec ses seuls revenus, le pont Saint-Bénézet (1177-1189), et plus tard (1226) pour soudoyer une armée, et soutenir, contre le roi de France, un siège mémorable.

Avignon avait enfin pris en titre ce qu'elle avait en réalité : le 5 Février 1226, elle se décora de l'étiquette républicaine (2).

C'était au plus fort de la terreur albigeoise. Avec le comte de Toulouse, Raymond VII, Avignon avait incliné aux doctrines nouvelles, qui étaient des doctrines de liberté intellectuelle. Louis VIII se croisa contre l'hérésie, menaça Avignon, l'assiégea trois mois durant avec une armée de 50.000 hommes, la prit le

---

(1) Félix Achard, *La municipalité et la république d'Avignon aux XIIe et XIIIe siècles.* Y voir. page 10, les *Statuts* de 1154.

(2) *Ibidem* pages 36-37.

12 septembre 1226, la mit à sac et la démantela (1).

Ce fut la lutte des barbares du nord contre
la civilisation provençale, alors à son apogée.

Par suite, la République se traîna languis-
sante pendant encore vingt-cinq ans, au milieu
d'agitations intérieures et extérieures.

Démunie de ses remparts, la ville succomba,
mais non sans lutter. Il servit de peu que son
podestat, Barral des Baux, eut fait rédiger
un nouveau Statut municipal en 1243, car il
devait trahir la République et la livrer aux
comtes d'Anjou et de Poitiers, représentant
les ci-devant comtes de Provence et de Toulouse !

Ceux-ci l'emportèrent en effet, tant par la
trahison, que par la force des armes ; ils
signèrent leur traité de Beaucaire, auquel la
République découragée, accéda (10 mai 1251),
tout en faisant des réserves pour ses libertés
municipales.

Les deux comtes rentrèrent ainsi en possession d'Avignon, et ils convinrent d'en jouir
par indivis, selon l'antique traité de 1125,

____

(1) Ce n'est pas seulement dans ses annales de la
révolution dernière qu'Avignon a des pages néfastes :
dans leur lutte contre les croisés, les Avignonais saisi-
rent un de leurs adversaires, Guillaume des Baux,
prince d'Orange (1218), et le coupèrent par morceaux !
Ibid. page 32.

renouvelé à l'égard de la malheureuse ville.

Un siècle s'écoula, après lequel la descendante des comtes de Provence, Jeanne de Naples, aliéna formellement ses droits sur la ville d'Avignon (1348).

Ces droits n'étaient que de moitié d'abord, nous venons de le voir ; mais, l'autre moitié était advenue à la maison d'Anjou postérieurement, ainsi que nous allons l'expliquer : de façon que la cession, qu'en fit la reine Jeanne, en 1348, comprit la ville tout entière.

En effet, le co-partageant primitif, Alphonse de Poitiers, frère de Louis IX et héritier du comte de Toulouse du chef de sa femme, avait par son décès, laissé sa part d'Avignon au roi Philippe III, son neveu. Mais celui-ci, en 1290, s'était avisé d'en faire donation à la couronne de Naples, en faveur du mariage de son frère Charles de Valois avec Marguerite d'Anjou, héritière des comtes de Provence.

Et voilà comment ces princes provençaux eurent Avignon sans partage, et comment la cession de cette ville fut entière, lorsque la reine Jeanne, pressée par le besoin d'argent, la vendit au pape Clément VI.

Les papes ont possédé Avignon près de quatre siècles et demi, sauf trois occupations très passagères de la France : la première sous Louis XIV, du 28 Juillet 1663 au 31 Juillet

1664 ; la seconde sous le mêmë roi, du 7 Octobre 1688 au 20 Octobre 1689 ; la troisième sous Louis XV, du 1ᵉʳ Juin 1768 au 10 Avril 1774. Cette dernière, la plus importante, prépara les voies à la Révolution de 1790. Le gouvernement papal avait pris fin le 12 Juin de ladite année, et l'Assemblée nationale réunit définitivement cette ville, en même temps que le Comtat-Venaissin, à la France, par son décret du 14 Septembre 1791.

Voilà, en quelques pages, les phases historiques qu'Avignon a traversées, depuis les origines connues jusqu'à nos jours.

LES TROIS ENCEINTES PRIMITIVES

Ce sont les enceintes gallo-grecque, galloromaine et carlovingienne, attestées par l'histoire.

L'*oppidum* gallo-grec d'*Avenio* a eu son assiette sur le *Rocher des Doms*, avec un étroit périmètre sur les déclivités occidentale et méridionale (1). C'est là que les Grecs de Marseille ont dû établir leurs comptoirs, sur les bords du Rhône qui battait alors l'emplacement des rues Fusterie, grande et petite. Cette première enceinte, partant du Rocher

____

(1) L. Rochetin, *Avignon dans l'Antiquité*.

vers le séminaire, suivait les rues des Grottes, Racine, Géline, Fromageon, Arc-de-l'Agneau, et là rejoignait le Rocher abrupt à l'Est. C'était une position de défense, et aussi un abri contre les eaux. La déclivité comportait trois terrasses : place du Palais, rue Balance, rue des Grottes. Des traces de ce mur d'enceinte ont été trouvées en 1882, rue Arc-de-l'Agneau, n° 10, sous les murs de la maison *Madon*.

L'enceinte gallo-grecque fut agrandie sous le régime romain, car alors le pays prospéra. Avignon devint le chef-lieu d'une *civitas* de droit latin. Son enceinte gallo-romaine dut tracer une ligne partant du Rocher, comme la précédente, suivre la rue des Grottes, englober le massif compris entre les rues Racine et Petite-Fusterie, et contenant à l'Est de cette dernière, l'hippodrome romain dont on y découvre les vestiges ; puis, suivre les rues Bouquerie, Collège-d'Annecy, du Lycée, des Trois-Faucons par le travers, la Masse, Four-de-la-Terre, Pignote, Chapeau-Rouge, Oriflamme et des Sorguettes ; enfin, par les Trois-Colombes, elle rejoignait le Rocher.

Cette enceinte fut détruite, en 737, par Charles Martel, qui eut à y combattre les Sarrazins maîtres de la place, comme nous l'avons déjà vu.

L'enceinte du moyen-âge ou Carlovin-gienne, eut les mêmes points de départ et de direction que la précédente. Puis, comme suite à la Petite-Fusterie, elle gagnait, par Ste-Praxède, la rue du *Portail Bienson*, dont la dénomination est probante, les rues Calade et des Lices, dans le parcours des-quelles se trouvaient, près du Grand-Sémi-naire, la Porte-Évêque à la rue de ce nom, et au bout des Trois-Faucons, la porte de *Pontfract* ou *Pont-rompu*, dite, plus tard, porte de *Rome*, à l'entrée des *Corps-Saints*. Plus loin étaient le *Portail-Magnanen* (1), le Portail-Peint, à la jonction des rues des Lices et Philonarde, ainsi dit parce qu'on y voyait le portrait des douze Apôtres.

L'enceinte se continuait, de la rue des Lices, par les rues Philonarde, Campane, Trois-Colombes, pour se terminer par la

____

(1) *Porte des Manganiers* (Gustave Bayle. *Mémoires de l'Académie de Vaucluse*, tome X, page 105). La *manganario* étalt une mesure à blé (Ducange), et les manganiers étaient des mesureurs de blé.

Par les comptes des trésoriers des rois de Sicile, sou-verains d'Avignon, M. Gustave Bayle a constaté, à ladite porte, bien indiquée dans les documents, l'exis-tence de boulangeries à façon, devant un droit de pani-fication au seigneur ou au prince, comme four banal. Le voisinage des mesureurs de blé et des cuiseurs de pain est tout indiqué.

Cette étymologie du *portail Magnanen* est autrement compétente que celle de *porta magna*, gratuitement admise jusqu'à ce jour, sans que rien ne la justifiât.

porte *Aurouse*, aux *Pénitents-Noirs*, à la face Nord-Est du Rocher. Des restes de cette porte se voyaient encore là il y a cinquante ans. Ce nom d'*Aurouse* venait, selon les uns, de ce qu'elle s'orientait du côté d'Orange (*Aurasio*), et mieux, selon d'autres, de ce qu'elle faisait face à la bise, *aura* en provençal.

Cette enceinte est bien marquée par les canaux des *Sorguettes*, qui formaient fossé au Nord, à l'Est, au Sud et à l'Ouest. Le vestige d'ancien mur qui se voit à l'angle des rues Joseph-Vernet et St-Charles lui appartenait.

Elle fut démantelée en 1226 par Louis VIII, comme nous l'avons vu. Voilà la date de sa destruction : celle de son édification n'a pas été mentionnée par l'histoire.

Ces remparts ne furent relevés, ni par la république, alors expirante, ni par les rois de Sicile, comtes de Provence, qui vinrent peu après, et qui tinrent Avignon près d'un siècle.

LES REMPARTS

DE LA QUATRIÈME ENCEINTE

C'est ici l'œuvre des quatre derniers papes qui ont siégé à Avignon : Clément VI, Innocent VI, Urbain V et Grégoire XI. Les trois premiers qui siégèrent, Clément V, Jean XXII et Benoît XII, n'y ont pas contribué.

CLÉMENT VI

(1342-1352)

Ce pape, après avoir acquis Avignon (1348), se préoccupa de pourvoir à sa défense ; mais il n'y persista guère. Il commença à peine ces remparts, que continuèrent ses successeurs dans la seconde Rome, sans bien les finir ; car, après avoir définitivement quitté Avignon, en 1376, Grégoire XI écrivait de Rome, en 1377, aux consuls d'Avignon, de parachever la porte Ferruce et la tour du Pont.

Clément VI avait commencé l'œuvre en 1349, à pied même du Rocher, et élevé cette tour octogone dite *Barban*, que chacun connaît dans le pays ; puis il avait fait le mur qui s'y rattache, avec des machicoulis, jusqu'à la porte *Ferruce* (du Rhône), et commencé la tour du pont, bien empêché par les misères que la peste avait laissées dans le pays, surtout par la France qui fit des observations. Finalement il s'arrêta, puis mourut en 1352.

Il existe un système qui mène les travaux de Clément VI jusqu'à la grande tour semi-circulaire qui suit, y compris celle-ci. Ce système, admis par des écrivains autorisés, a besoin d'être appuyé sur quelque document, et, en outre, de ne pas établir un rempart continu jusqu'à la grande tour, rempart que les continuateurs des travaux d'Urbain V auraient été obligés d'éventrer plus tard, pour ouvrir la porte Ferruce.

INNOCENT VI

(1352-1362)

Innocent VI intronisé cette même année, ne continua pas immédiatement l'œuvre commencée ; il attendit. Aussitôt qu'il se sentit plus libre, il les reprit, en 1356-57, c'est-à-dire, après l'écrasement de la France, quand le roi Jean, battu à Poitiers, fut prisonnier en Angleterre, et pendant l'anarchie qui régna sous forme de régence et de Jaquerie.

Mais ce pape ne continua pas les travaux du point même où Clément VI les avait laissés. Il s'agissait de couvrir les côtés vulnérables de la cité, contre les incursions des pillards et des Grandes-Compagnies, et de construire, non pour la gloire, mais pour la défense.

C'est pourquoi il commença de bâtir à l'ouest, en partant de l'embouchure du canal de la Sorgue, vers les Frères-Prêcheurs (dominicains). On poussa au sud, puis à l'Est et au Nord, et cela assez vigoureusement pour que, en deux ans de temps, on atteignit Saint-Lazare et un peu au-delà, faisant une longueur de murs de 2.800 mètres, avec machicoulis et nombreuses tours. — La rapidité fut acquise aux dépens de la solidité, car, dès 1358, une partie du rempart, entre Saint-Michel et Limbert fut renversée par les eaux, et, pareillement, en 1362, la porte St-Lazare et le rempart avoisinant. Ce fut Urbain V qui les releva.

Ces travaux d'Innocent VI furent couverts par un impôt spécial sur le vin et sur le sel. Le petit tronçon de Clément VI est le seul morceau qui ait été payé par le trésor apostolique ; tout le surplus a été payé par l'habitant.

URBAIN V

(1362-1370)

A Innocent VI, succéda Urbain V. Ce fut un grand bâtisseur : élu en septembre 1362, le nouveau Pape donna d'abord des soins aux affaires urgentes de l'Eglise et des Etats puis, dès 1364, il prend la truelle du maçon et ne la quitte plus.

On lui doit, à l'aile orientale du palais

apostolique, de la tour St-Laurent à la tour des Anges, d'avoir terminé jusqu'au faîte, l'œuvre de Clément VI et d'Innocent VI, déjà fort avancée. A la partie basse des travaux entre les deux tours, toutes les clefs de voûte portent les armes de Clément VI. Ce faisant, Urbain V compléta l'aile orientale du palais, de la tour St-Laurent à la tour de Trouillas, avec les tours intermédiaires des Anges, de St-Jean, de l'Estrapade, sauf une très courte lacune dont nous parlerons plus loin, à propos de la tour des Anges.

On doit, en outre, à Urbain V, la suite du rempart, au Nord, depuis St-Lazare, jusqu'au Rocher, et à l'Ouest, depuis la porte Ferruce jusqu'au point où l'avait laissé Innocent VI, c'est-à-dire à l'embouchure du canal de la Sorgue.

Mais tout n'était pas fini, lorsqu'au 30 avril 1367, Urbain V quitta Avignon, pour toujours croyait-il ; il ne prévoyait pas qu'il en aurait du regret, et qu'il reviendrait mourir dans ce palais, en partie l'œuvre de ses mains, sous la protection de ces remparts qu'il avait menés, ou peu s'en faut, à une fin glorieuse.

Bien que, à son départ, en 1367, le rempart eût encore une lacune, savoir : depuis la porte Ferruce jusqu'à l'embouchure de la Sorgue, à part quelques cannes, que firent les avignonais après son départ, en partant de la tour St-Jean, aux dominicains, c'est bien à ce pape qu'on doit ce tronçon final. Car, « Urbain V, « en 1368, envoya d'Italie à son légat, Phi- « lippe de Cabassole, l'ordre de faire achever « les remparts, en abattant même les maisons « des cardinaux qui feraient obstacle à cette « construction ». (Paul Achard, *Bulletin Archéologique de Vaucluse*, tome II, page 264).

Ainsi fut fait. Du moins on se mit à l'œuvre. Ce qui le prouve, ce sont les comptes officiels des constructeurs. Ces comptes existent ; on les possède aux Archives de Vaucluse, série C, archevêché d'Avignon, Registre *Diversorum Avenionis*. Là, sont détaillés, parmi d'autres travaux, les frais de construction pour les tours et les murs longeant les Prêcheurs (*dominicains*) et le Limas. Ces comptes s'ouvrent au 1ᵉʳ août 1368, et ils s'arrêtent au 31 octobre 1371.

Cela ne prouve pas que là s'arrête la dépense, mais que là s'arrête le document, dont on n'a pas la suite. Il y avait néces- sairement d'autres comptes, puisque il y eut d'autres travaux.

Ces travaux faits sur l'ordre du pape, furent commencés simultanément par les deux bouts ce qui explique l'inégalité de niveau à leur point de raccordement, au-dessous de la porte de l'Oule.

Innocent VI avait commencé par la tour St-Jean (embouchure de la Sorgue), pour aller au Sud et de là à St-Lazare. Clément VI, d'autre part, parti du Rocher, tint son mur à la hauteur du pont ; d'où deux ⌐niveaux différents que les continuateurs du tronçon final maintinrent respectivement jusqu'à leur rencontre. Vu les points de départ, qui, d'ailleurs s'imposaient, la rencontre à faux était inévitable ; l'écart est d'environ deux mètres. Pour l'adoucir, on a raccordé le machicoulis du rempart avec celui d'une petite tour circulaire ménagée évidemment dans ce but, et un machicoulis rampant, qui n'a pas été fait, devait descendre et se raccorder avec celui du rempart en contrebas pour compléter la soudure. Un vide encore existant, paraît même avoir été réservé pour ce machicoulis descendant.

Les comptes d'entrepreneurs sus visés, mettent à néant le récit de J. B. Joudou, *Histoire d'Avignon*, page 363, selon lequel ce tronçon final aurait été fait par Clément VII, à partir de 1379.

Urbain V, revenu à Avignon le 24 septembre 1370, y mourut le 19 Décembre suivant.

GRÉGOIRE XI

(1370-1378)

Grégoire XI fut élu le 30 décembre. Les travaux en cours continuèrent jusqu'au 31 Octobre 1371, selon la preuve que nous en avons dans les comptes sus visés, et plus tard sans doute.

Il ne paraît pas cependant, que tout fut fini au départ du pape, qui quitta Avignon le 13 Septembre 1376, pour retourner à Rome ; car il écrivit du Vatican, en 1377, pour faire terminer certains travaux, notamment la porte Ferruce.

On n'ignore pas que, comme Urbain V, Grégoire XI regretta d'avoir quitté les bords du Rhône, et que, comme lui, il se disposait à revenir habiter l'aile orientale de son splendide palais aux grandes perspectives, lorsqu'il mourut à Rome le 27 Mars 1378, âgé de 47 ans.

Grégoire XI ne paraît pas avoir eu pour la bâtisse le même zèle que son prédécesseur. Cependant il est probable qu'il eût encore à soigner des détails inachevés, tant dans le palais apostolique, que dans la suite de l'enceinte fortifiée : il y avait encore des ouvriers dans tous les chantiers, quand la papauté nous quitta pour toujours. (Paul Achard).

Les remparts d'Avignon avaient 12 mètres de hauteur, une épaisseur de 4 mètres dans la base, de 3 mètres ras du sol et de 2 mètres environ au sommet,

Le fossé avait 20 mètres de large et 4 mètres de profondeur.

Les pierres venaient surtout des carrières de Villeneuve et des Angles ; aussi, mais moins, de Barbentane et de Saint-Rémy. Elles étaient transbordées probablement au port des pierriers *(Portus peireriorum*. On finit par dire vulgairement des *poiriers)*, au-dessous de l'embouchure de la Sorgue, près des FF. Prêcheurs. (Paul Achard). Il y avait sans doute là un bac pour l'apport des pierres destinées aux grands travaux d'Avignon. L'entrée en ville avait lieu par une porte dite de Saint-Antoine, ou Saint-Jacques, s'ouvrant près des FF. Prêcheurs (P. Achard), à laquelle aboutissait la rue du Miracle (Velou-terie).

*
* *

De nos remparts (1), presque tout ce qui a été élevé au XIVe siècle, a été reconstruit, quelquefois même déplacé. C'est dans ces ré-

---

(1) Paul Achard, *Bulletin archéologique de Vaucluse*, Tome II, pages 261-281, *passim*.

parations, en maints endroits, que les machicoulis ont été supprimés et remplacés par de
simples créneaux.

Nous avons vu que la partie comprise entre
Limbert et Saint-Michel fut renversée par les
eaux en 1358, du moins partiellement, ainsi
que la porte Saint-Lazare en 1362, et que
Urbain V les avait relevées. Or, il paraît que
ce fut fait négligemment, puisqu'en 1450, deux
de ces tours s'écroulèrent par vice de fonda-
tions.

Le tronçon initial de Clément VI, près du
Pont, fut détruit dans le siège des Catalans
(1410-1411), et il resta longtemps à l'état de
ruine : il ne fut relevé que dans la restauration générale qui eût lieu à partir de 1473, au
moyen d'un impôt mis sur la viande et dont le
résultat se fit longtemps attendre.

La partie entre Saint-Lazare et Limbert fut
refaite entièrement de 1487 à 1488, pendant la
longue légation de Julien de la Rovère, neveu
de Sixte IV (1476-1503).

Touchant la porte actuelle de Saint-Dominique, est la tour Saint-Jean, à l'embouchure
de la Sorgue. Celle qui vient après en tirant
au midi, est de la fin du XV⁰ siècle. En 1756,
elle devint *la poudrière* (1). On la voit com-

---

(1) Paul Achard, *Notice sur les Remparts d'Avignon*,
page 26. — Plus récemment, la tour de la *Poudrière* a

plètement découronnée et abaissée, ainsi que la suivante en descendant.

En 1490, partie des remparts fut encore renversée par le Rhône. Innocent VIII les fit réparer.

* * *

Enfin, une restauration générale des remparts d'Avignon a été commencée de nos jours, sous la direction de l'éminent architecte Viollet-Leduc.

Depuis la grande tour d'angle qui envisage l'avenue de la gare de la *Petite Vitesse*, jusqu'à la porte Saint-Michel, la restauration est incomplète pour les grandes tours machicoulisées, échauguettes ou tourelles et créneaux, sur une longueur de 1.090 mètres. La dite réfection se rapporte aux années 1862 à 1869.

Elle n'est encore que partielle entre les portes Saint-Michel et Limbert, dont la distance est de 540 mètres. La réfection y a compris à ce jour (1895), une grande tour, sept échauguettes ou tourelles, plus les machicoulis crénelés, sur une longueur de 200 à 250 mètres (1883-1884, Révoil, architecte). La réfection de M. Révoil a comporté la courtine machicoulisée et celle de M. Viollet-Leduc, la courtine simplement crénelée.

été celle qui avoisine l'avenue de la *Petite Vitesse*, ici indiquée comme pareillement abaissée et découronnée,

Reste à machicouliser le surplus sur une longueur d'environ 200 mètres, et à refaire une échauguette-tourelle et deux grandes tours.

La restauration de la partie inférieure du revêtement extérieur des remparts a été faite par le service des Ponts et Chaussées, ces travaux étant compris dans ceux de la défense de la ville d'Avignon contre les inondations du Rhône et de la Durance. Ils ont été répartis dans les années 1860, 1861, 1862.

Les travaux de restauration générale pour le reste de l'enceinte sont en chômage depuis plusieurs années ; espérons qu'ils se complèteront. Mais il faut bien avouer qu'avec l'exhaussement du sol et le comblement du fossé, les fortifications d'Avignon perdent leur aspect militaire.

Quant au contrefort intérieur, il a été fait, depuis les approches de la porte St-Lazare jusqu'à la porte de la Ligne, par la mairie d'Olivier en 1842. Tout le surplus du pourtour fut fait de 1860 à 1862, dans les travaux généraux de la défense ci-haut.

*
* *

Le pont de Saint-Bénézet, adossé au rempart lui était antérieur. Commencé en 1177, il fut fini en 1189. Il comptait 19 arches. C'est

un travail louable pour l'époque ; il est mé-
diocre comparé à ce qui s'est fait depuis. Sa
largeur ne donnait passage qu'aux piétons et
aux cavaliers ; cela suffisait alors que les voitures étaient très rares.

Ce pont perdit des arches à diverses épo-
ques ; elles furent mal réparées, puis pas du
tout. Il fut définitivement ruiné en 1679. Les
quatres arches qui restent étaient les plus
récentes (XIVe siècle), et dues à Clément VI,
qui les fit refaire, en ménageant la chapelle
de Saint-Nicolas, ou Bénézet (les deux saints
y ont été vénérés successivement), car ces
arches furent surhaussées, comme on le verra
plus loin.

Y a-t-il eu précédemment, à cette place, un
pont romain, un pont carlovingien, soit en
pierre, soit en bois, avec des piles et culées
de pierre ? Il y a des probabilités : mais si des
savants disent oui, des savants disent non !

Les quatres arches restantes et la double
chapelle ont été restaurées par M. Révoil
(1878-1879), dans les piles, éperons et tablier.

* *

Le pont en charpente fut décrété le 10 Janvier 1805, commencé en 1807, terminé sur le
petit Rhône en 1812, et sur le grand Rhône
en 1819.

* * *

Le pont suspendu sur le petit Rhône, fut établi en 1841-42

Le nouveau pont *rigide*, sur le petit Rhône, est de 1889. Voici quelques détails le concernant :

La soumission Arnodin a été acceptée par décret du 30 Avril 1887, et par arrêté préfectoral du 11 Mai au prix de :

1ʳᵉ partie, câbles et tiges de suspension..............	157.415 27
2ᵉ partie, garde-corps et trottoirs...................	60.412 45
3ᵉ partie, poutrelles et tablier.	75.775 06
Total à l'entreprise...	293.602 78
Somme à valoir.....	11.397 22
Total....	305.000 »

La première partie a été exécutée en 1887, la deuxième et la troisième en 1888, plus quelques jours de 1889.

Des mesures seront prises, dit-on, pour remplacer par un pont analogue le pont en charpente du grand Rhône

Le viaduc sur le Rhône, pour relier la rive droite à la rive gauche, comprend six travées de 73 mètres, plus deux culées de rives, chacune de 59 mètres. Longueur totale du pont, 556 mètres ; largeur du tablier, $10^m 55$. On espère que la communication active d'une rive à l'autre sera établie dans le courant de 1904.

LES PORTES

DE LA QUATRIÈME ENCEINTE

PORTE FERRUCE *(du Rhône)*.

Ce fut la première commencée et la dernière finie des anciennes portes d'Avignon. Elle fut entreprise, paraît-il, par Clément VI ; mais ni lui, ni Innocent VI, ni Urbain V, ni Grégoire XI ne la finirent. Paul Achard dit qu'aux XIVe et XVe siècles, elle fut appelée *porte Eyguiere*. En son temps, cette issue fut la plus fréquentée, à cause des communications avec le Languedoc, soit au moyen du pont, soit au moyen du bac à traille. Sa construction primitive, de date obscure, était au dernier siècle ruinée par le temps. On la démolit en 1761, et elle fut réédifiée, telle que nous la voyons, par M. Franque, architecte de la ville.

Un dessin à fresque de l'ancienne porte avec son ravelin existe à Saint-Agricol au-dessus du portail à l'intérieur, aujourd'hui masqué par l'orgue qu'on a dressé sur la tribune. Il est reproduit sur une estampe de 1741, et aussi au frontispice de l'office de Saint-Agricol.

PORTE DE L'OULE

D'où vient ce vocable de cuisine? Malgré les apparences, la marmite (*oulo*) n'y est pour rien.

Un laborieux et savant chercheur, M. Gustave Bayle, signale dans le voisinage, le quartier des *Oliers* (huiliers). On lit aux Archives de Vaucluse, série C, archevêché d'Avignon, registre *Diversorum Avenionis*, *burgueto des oleriis*, au bourguet *des oliers...* » (1)

En effet, les professions étaient cantonnées. Nous avons vu ci-devant la porte des *Manganiers*. Chacun connaît dans cette ville la rue des *Marchands*, la rue des *Fourbisseurs*, la rue des *Ortolans* (*hortolani*, jardiniers-

---

(1) M. Gustave Bayle a vu dans un document, une rue *des oliers*, existant dans le périmètre actuel de la place Crillon. Il ne faut pas ignorer que les assiettes des lieux ne sont pas stables : maisons et rues sont emportées par le vent des siècles, ou leurs noms déplacés sans laisser autrement trace, au grand ébahissement de la postérité.

maraîchers), sans parler de la rue des *Amou-*
reux (lesquels, à vrai dire, obéissent à d'autres lois ; aussi a-t-on débaptisé ladite rue qui
s'appelle maintenant la rue *Artaud*) !

Faudrait il débaptiser aussi la porte de la
marmite ? Porte de l'huile serait vrai et
même ne serait point banal. Mais cela déplai-
rait encore aux raffinés : restons-en donc à la
tradition !

Voici une autre version. On lit dans le
Dictionnaire provençal de F. Mistral : « *Pour-*
toulo, portula, petite porte. Nom d'une
porte d'Orange. » Le latin prononçait *por-*
toula. Serait-ce aussi la porte de l'*oule*
d'Avignon ? La première étymologie est plus
savante ; la seconde, plus familière, ne la
vaut pas.

C'est ainsi que, par corruption, nous avons
fait la porte de la *Ligne*, avec la porte du
Marché au bois, *del legno*, italien, en
conséquence du latin *lignum*.

Toujours par corruption, nous avons fait,
à Saint-Lazare, du quartier de la *bonne*
arrivée à Avignon, *boni adventûs*, le quartier *Bonaventure*, avec une Notre-Dame
quelconque.

La porte de l'*Oule* fut dite dans des documents de l'époque : *portale pertusii*, la

porte du *pertuis*, du passage. Plus récemment ce fut la porte du *Mail* (1).

La porte de l'Oule qu'on voyait naguère et qu'on a démolie en 1900 au mois de septembre, pour son insuffisante largeur, était de l'architecte Péru et fut édifiée en 1785-86. Son architecture jurait avec le style ogival du rempart ; aussi ne l'a-t-on pas regrettée. Elle était du reste trop étroite pour le trafic devenu considérable à ce point, et la pente rendait le passage périlleux pour le croisement des voitures. Elle sera relevée sans doute sur des dessins mieux appropriés.

La promenade de l'Oule, qui est voisine, fut plantée en 1775-76, sous le consulat de M. de Caumont. On l'appela à l'origine : *Cours Caumont.*

PORTE DU MIRACLE (*Saint-Roch*)

Cette porte a perdu et sa place et son nom. Elle était primitivement tout en face de l'avenue actuelle de la *Petite-Vitesse.* Sa place y est encore bien marquée par les deux petites arêtes qui font saillie sur le rempart à l'extérieur, contigüe et à gauche de la grande tour d'angle reconstruite par M. Viollet-

(1) Cette porte du *Mail* n'était pas toujours ouverte, mais souvent condamnée, malgré les réclamations des voisins (Paul Achard). Signe de son peu d'importance.

Leduc, qui commença même à ce point la restauration des remparts.

La porte du *Miracle* fut déplacée de bonne heure, et remplacée par la porte qui fut dite plus tard de Saint-Roch, attendu le voisinage de l'hôpital et du cimetière des pestiférés.

La reconstruction est de Viollet-Leduc, en 1865.

PORTE SAINT-MICHEL

C'était la porte indiquée pour l'entrée des princes, des Vice-Légats à leur première arrivée de Rome.

Reconstruite par Viollet-Leduc en 1866-77, dans ces travaux disparut une sorte d'arc triomphal de modeste dimension, érigé à côté de la porte et perpendiculaire au rempart, dédié au pape Innocent XI (1684).

PORTE LIMBERT

Ce nom dérivé d'Humbert fut donné jadis à une porte sise au *Portail-peint*, de la troisième enceinte (page 14). Aujourd'hui elle est déplacée et s'ouvre sur la route de Marseille.

De là à Saint-Lazare est le cours qui fut jadis la promenade favorite de la noblesse. Il fut planté en 1723, et replanté en 1837. On y voit en bordure le parapet de l'ancien fossé, dont la largeur est ici bien marquée par son écartement du rempart.

Au midi de Limbert est la *Trillade*, villa de Crillon, devenue l'hospice Sixte-Isnard.

Devant cette porte a été établi le parc du régiment de pontonniers, aujonrd'hui dévolu à un régiment du génie.

Cette porte Limbert, construite primitivement par Innocent VI en 1358, en des dimensions suffisantes lorsqu'il n'y avait, par les portes et chemins, que des piétons et des cavaliers, ne se prêtait plus aux besoins modernes avec les nouveaux moyens de transport, voitures et tramways qui circulent et se croisent à chaque instant.

Elle a été mise bas le 5 juillet 1896 pour être réédifiée dans le même style et agrandie aux dépens du rempart voisin démoli à cet effet (1897) à l'Ouest.

PORTE SAINT-LAZARE

C'est la seule qui reste des anciennes portes se rattachant à l'érection primitive des remparts. Construite par Innocent VI en 1358, renversée par le Rhône peu après, elle fut relevée par Urbain V. M. Révoil l'a restaurée en 1885.

On y voit, à l'avant, les restes des demi-lunes qui défendaient l'accès du pont-levis. Elles sont conservées *mordicus* par les Monuments historiques, malgré leur état déconfit.

En 1792, elle fut dite *porte nationale.*

De nos jours, son insuffisance pour l'activité du trafic a fait prendre le parti, tout en la respectant, d'ouvrir à son côté, dans le rempart, un passage supplémentaire (Révoil 1882). Ce passage ne fait pas bonne figure ; l'utilité seule le fait excuser (1).

PORTE DE LA LIGNE (*del legno*).

Ce fut la porte du marché au *bois* (*lignum* en latin, *legno* en italien), dont nous avons fait la porte de la *Ligne*, par une traduction singulière.

Elle avait d'abord porté le nom d'une porte voisine très ancienne, qui avait appartenu à la troisième enceinte, et dont nous avons déjà parlé, la porte *Ourouse* (*ventosa*), sise au bout de la rue des *Trois-Colombes*, non loin du point qui nous occupe.

Au dernier siècle, la porte de la Ligne était plus au couchant qu'elle n'est aujourd'hui : en observant le rempart à l'intérieur, on voit très bien sa place précédente, par le remaniement manifeste de la maçonnerie. L'inondation de 1755 l'ayant fortement en-

---

(1) On voit à Saint-Lazare le canal de la *Durançole,* qui est du XIII⁰ siècle. — Le moulin de *Saint-Pierre* (aujourd'hui de la *Patience*). qui y est battant. est de 1569. Beaucoup plus ancien, celui de la *Folie* (la *feuillée*), fut acquis en 1545 par l'hôpital Ste-Marthe.

dommagée, on la reconstruisit un peu plus haut (1757-1758), là où nous la voyons, dans l'axe de la rue *Palapharnerie*. Dans ladite rue étaient jadis les écuries du pape et ses *palefreniers*.

Enfin nous avons vu en avril 1902 s'ébaucher deux portes nouvelles, porte *St-Charles* et porte *Magnanen*, par deux nouvelles brèches au rempart, lesquelles ont ébréché la gloire de leur auteur, et fortement contribué à sa chute politique.

* *
*

Un peu au-dessus, vers l'Est, était le *portalet*, petit passage à travers la tour qui se trouve la deuxième en remontant, à laquelle aboutit, à l'intérieur, la rue du *Diable* ou *Sureàu*. La sortie était latérale à la tour, non de face : elle a été fermée dans les commencements du siècle dernier.

Sur la face de ladite tour, on remarque l'arcature ogivale de la porte primitive qui émerge seule, la construction en contre-bas se trouvant enfouie de plusieurs mètres, ce qui montre combien le lit du fleuve et le sol en bordure se sont exhaussés.

Rocher des Doms

Porte de la République

LES ANCIENNES
ET LES NOUVELLES PORTES

LES RUES NOUVELLES

Les anciennes portes de la quatrième enceinte d'Avignon sont : Ferruce (Rhône), Loule, Saint-Roch, Saint-Michel, Limbert, Saint-Lazare et de la Ligne ; en tout sept.

On a ouvert de nos jours :

La porte St-Dominique, aujourd'hui de Victor Hugo, en 1842 ;

La porte de l'Escalier du Rocher au Rhône; en 1848-1849 ;

La porte Bonaparte, aujourd'hui de la République, en 1855 (brèche). Porte monumentale par Violet-Leduc, en 1861 ;

La porte Thiers, en 1879 ;

La porte latérale à St-Lazare, en 1882.

Les portes Thiers et Saint-Dominique ne sont encore que des passages à l'état de brèche, en attendant d'être complétées par les architectes.

*
* *

Les rues nouvelles sont :

La rue St-Dominique, aujourd'hui Victor Hugo, créée de 1827 à 1842 ;

La rue de la République, ci-devant Bonaparte, créée en trois tronçons, de 1856 à 1865 ; on y a érigé en 1894, le buste du maire Paul Pamard, créateur de cette grande artère (1)

La rue Thiers, créée en deux tronçons, de 1869 à 1876, et coupée par les deux suivantes :

La rue Buffon, vocable décerné par un naturaliste qui a gardé l'anonyme.

La rue Puy-Guillaume, créée en 1893-94, avec le buste du maire Puy à son extrémité nord ; continuée par :

La rue des Baraillers, élargie (1894) ;

La rue des Marchands, prolongée à la place Jérusalem en 1898, avec suppression de la rue Abraham.

La rue Saunerie prenant le nom de rue Carnot, et élargie par la place Carnot, en 1896-97, ainsi que celle du Portail-Matheron (même date).

Les Halles centrales, établies entre la place Pie et la Bonneterie du nord au sud, et de l'Est à l'Ouest, entre les rues de l'Olivier et de la Petite-Meuse, dont les noms disparais-

____

(1) Ici viendrait, dans l'ordre des temps, la rue *Viala*, qui est si peu une rue, qui se serait si bien accommodée de ne pas être, attendu qu'elle n'est que l'allongement de la *Place de la Préfecture*, dont elle aurait partagé le nom dans la totalité, quand elle n'a, elle, la rue Viala, que deux immeubles à droite. et deux à gauche. dans toute la longueur de son parcours. Le tout aurait pu s'appeler : *Place de la Préfecture*.

sent (1896 et suiv.). Elles ont été inaugurées le 24 septembre 1899.

On commence, en ce moment (1899), du cours de la République à la rue Velouterie (St-Roch), une rue nouvelle avec ses rues transversales et tout un quartier. Le tout, fait d'emblée, promet d'être le plus joli coin d'Avignon, si on le mène à bonne fin. La rue s'appellera *F.-V. Raspail*, célèbre Vauclusien, un savant et un homme politique. (1)

Il est, en outre, question d'autres remaniements de places et de rues. Si nous en attendions la fin, le présent écrit resterait longtemps sous l'orme.

D'ailleurs, il n'est pas sans intérêt de fixer dans l'histoire l'état actuel des choses, pour conserver certains souvenirs. L'état de demain, chacun des contemporains le verra d'abord suffisamment, sans aucun secours de *Memento*, et la génération suivante pourra être renseignée par une plus fraîche édition augmentée, laquelle viserait les nouvelles couches de lecteurs.

Terminons par ce vœu, que [les nouvelles rues, si on en fait, soient établies par le travers du Mistral : Avignon sait pourquoi !

---

(1) Rue Taulier, de la rue St-Bernard à la rue Carretterie, ouverte en 1902 en bon souvenir de dons hospitaliers.

LES CHEMINS DE FER, A AVIGNON

Cette ville est assez bien lotie de voies ferrées, pour qu'il soit intéressant de marquer la date de chacune d'elles.

D'AVIGNON A MARSEILLE

Cette ligne a eu deux périodes :

D'abord on embarqua à *Rognonas* pour Marseille, à partir du *18 octobre 1847*, et, pendant près de deux ans, durant la construction du viaduc sur la Durance. Les voyageurs arrivaient d'Avignon à cette gare volante, par un service d'omnibus.

Puis, avec le viaduc, on arriva à Avignon même, où s'établit à la *Petite-Hôtesse*, une gare provisoire. Celle-ci s'ouvrit le *5 mars 1849*, pour la ligne de Marseille. Cette deuxième période a duré cinq ans, jusqu'au 29 juin 1854.

Ce fut une ère de prospérité pour les hôtelliers d'Avignon et pour la battellerie du Rhône devenu le trait d'union entre les grands marchés de Lyon et Paris et le chemin de fer d'Avignon-Marseille.

D'AVIGNON A PARIS

Enfin la période du service complet de la ligne s'ouvre le 29 juin 1854, par le premier train filant d'Avignon sur le Nord, pour la première fois à cette grande date ; elle marque une époque dans nos annales, car elle a transformé les habitudes et l'aspect du pays.

Plus tard, l'ouverture de la ligne de Cavaillon ayant rendu la gare primitive insuffisante, on construisit la gare monumentale actuelle, terminée en 1871.

Dans le rond-point de la gare se dresse la statue glorieuse de Philippe de Girard, due au statuaire Guillaume, de l'Institut, érigée en 1882.

CHEMIN DE FER DE CARPENTRAS
(PAR SORGUES)

Ligne ouverte le 18 mai 1863.

CHEMIN DE FER DE LA RIVE DROITE

La gare de Pont-d'Avignon, ouverte le 30 août 1880.

Un grand viaduc est en construction sur le Rhône, à la pointe de l'Ile de Piot ; il fera la jonction des deux lignes, rive gauche et rive droite.

Ce sera une déviation facultative importante, déversant ou à droite ou à gauche, la surabondance particulière des trafics. Ce serait de plus une ressource, en cas de guerre, si le viaduc de Beaucaire venait à faire défaut par accident. Commencé en 1898, a été fini en 1903.

CHEMIN DE FER D'ORANGE

A L'ISLE-SUR-SORGUE

Ligne ouverte le 3 novembre 1894 (parcours 55 kilomètres).

CHEMIN DE FER D'ORANGE

A VAISON ET AU BUIS

Etudes finies jusqu'à Vaison et au Buis. Travaux non commencés.

CHEMIN DE FER DE CAVAILLON

Avec bifurcation à Cavaillon pour Apt, Digne, Gap et les Alpes, et prolongement sur Marseille par Orgon, Salon et Miramas.

Ligne ouverte le 29 décembre 1868.

A la création de cette voie, la Compagnie P.-L.-M. avait délibéré à Paris et décidé, à l'instigation d'actionnaires, de lui donner, pour point de départ et tête de ligne, la ville de Sorgues, à dix kilomètres de la grande gare d'Avignon. C'était diminuer notablement, dans un avenir prochain, l'importance de cette dernière. Le maire Pamard conjura ce danger. Comme député, bien en cour, il avait l'oreille de l'Empereur, et il s'adressa à lui directement ; il tomba à genoux devant lui, pleurant. Le souverain le releva, disant : « Que vous arrive-t-il donc ? » Sire, on veut décapiter ma ville, en lui donnant, à Sorgues, à deux pas, une gare rivale desservant Marseille. — Rassurez-vous, dit l'Empereur, cela ne sera pas. »

En effet, les plans furent changés. Le patriotisme de M. Pamard nous avait sauvés d'un grand danger. Certains ont oublié le fait ; certains l'ignorent : nous tenons à le consigner dans ces pages.

LES TRAMWAYS ÉLECTRIQUES

Les tramways électriques, comme succédanés des chemins de fer, doivent trouver ici une mention, avec leurs points d'embarquement place de l'Hôtel-de-Ville, en attendant mieux que leurs services de Sorgues, Saint-Ruf et Monclar. Le service est très apprécié et très décoratif.

L'établissement de ces services se rapporte aux derniers mois de 1898. Son point de départ se rattache à la petite usine d'électricité créée dans le local de la Vice-Gérence, en 1891, pour l'éclairage de la ville. Cette petite usine a été absorbée par la grande usine établie au quartier de Saint-Véran. Directeur, M. André Ducommun.

LE PALAIS DES PAPES

Le monument qu'on appelle le PALAIS APOSTOLIQUE, est le plus vaste logis que nous ait légué le Moyen âge. Il fut l'œuvre principale de Benoît XII (1334-1342), de Clément VI (1342-1352), d'Innocent VI (1352-1362) et d'Urbain V (1362-1370), accessoirement de Grégoire XI (1370-1378).

Jean XXII (1316-1334) avait bien commencé de construire ; mais déjà évêque d'Avignon depuis 1310, il se contenta d'amplifier le palais épiscopal, sis à l'emplacement actuel de la tour de Trouillas, avec développements au sud et à l'ouest de ladite, et il crut avoir fait une demeure honorable pour le pontificat.

Mais Benoît XII eut des visées plus hautes ; il voulut plus grand, surtout plus défensif, et il ne garda presque rien de ce qu'avait fait son prédécesseur.

Les architectes, qui menèrent les travaux, furent pour Jean XXII, Guillaume de Cucuron ; pour Benoît XII, Pierre Poisson ; pour Clément VI, Pierre Obréri, qui continua sous Innocent VI ; pour Urbain V, Jean de Loupières, Raymond Guitbaud, Guillaume Nogarelly.

L'ensemble de l'édifice comprend la partie nord, œuvre de Benoît XII, et la partie sud, œuvre surtout de Clément VI. Au centre de chacune de ces deux constructions, est une grande cour. Dans la première, celle de Benoît XII, appartenant naguère aux prisons, aujourd'hui aux Archives, se sont passés de sombres drames. Le 9 septembre 1562, Perrinet Parpaille y fut assassiné comme protestant par la Justice du Légat Farnèse (1).

Le 16 octobre 1791, les victimes de la *Glacière* y furent assassinées comme catholiques, dans l'un et l'autre cas avec des raffinements de cruauté.

Il s'y trouve un puits de 36 mètres de profondeur, creusé dans le roc.

La seconde cour est au Sud, dans l'œuvre de Clément VI. Le passant l'aperçoit au-delà de la porte d'entrée, que garde une sentinelle, et qui est surmontée des armoiries du pontife. Elle fut terminée et nivelée par Urbain V. Ce fut la cour d'usage pour la Vice-Légation et ses suppôts, portant qui le mousquet, qui le goupillon. Sa surface est de 1.800 mètres carrés.

Le périmètre de la vaste forteresse, crénelée

---

(1) Sa maison fut rasée, et sur son emplacement on ouvrit un marché, agrandi depuis, qu'on appela *Place-Pie*, du nom de Pie VI alors régnant.

Lapise place l'exécution au 15 août ; Moréri, au 8 août, et le Père Justin suivi par Paul Achard, au 9 septembre. Cette dernière date est la plus probable.

et machicoulisée, était flanquée de sept tours : cinq dans la partie orientale et deux dans la partie occidentale, dont une n'existe plus.

Les cinq tours à l'est sont dénommées : la première de *Saint-Laurent*, rue Peyrolerie et place Amirande ; la deuxième qui suit, des *Anges*, très grande, et nullement découronnée par Colonna, quoi qu'en disent certains, très savants ; elle a été si peu découronnée par Colonna qu'elle a encore, sous nos yeux, son châtelet intact, c'est-à-dire sa masse supérieure. Il y a évidemment confusion : c'est sans doute la tour de la Gache, dont il va être question, qui fut découronnée pour satisfaire la colère du vice légat. Les créneaux de cette tour des Anges tombant de vétusté, on les a restaurés en 1898 ; la troisième, de *Saint-Jean*, abaissée et démantelée, composée intérieurement de deux oratoires superposés, avec peintures se rapportant, pour l'un à St-Jean, pour l'autre à St-Martial, évêque de Limoges et compatriote de Clément VI ; la quatrième, de *L'Estrapade* et la cinquième, de *Trouillas*, se confondant et dans l'emplacement et dans l'histoire.

La tour de l'Estrapade, que l'on voit très basse, engagée et comme étouffée dans le flanc gauche de la puissante tour de Trouillas, ne fut pas construite à l'époque : elle préexistait, même sous le nom de Trouillas (*Trul-latii*) (1), soit que ce que nous en voyons vienne des travaux de Jean XXII, soit qu'elle fit partie des anciennes défenses du palais épiscopal, au temps de la république avigonaise ; car, on sait que l'évêque partageait le pouvoir avec le podestat. On ignore d'où lui est venu, dans le passé, ce nom de l'*Estra-pade*. Mais on ne sait que trop celui de la *Glacière* qu'elle portait en dernier lieu, et les souvenirs qui s'y rattachent.

La nouvelle tour Trouillas, qui prit la place et le nom de l'ancienne, servit de prison au tribun Rienzi, sous Clément VI.

On peut ainsi, par la suite des tours, embrasser facilement par la pensée l'ensemble fortifié de la partie orientale du palais, du nord au sud.

Remarquons-le en passant, à cause du voisinage : par les actes d'agrandissement de Jean XXII (Bulle du 16 décembre 1318), on voit que l'escalier, aujourd'hui dit de *Sainte-Anne*, qui y est signalé, existait déjà.

Quant à la face occidentale du palais, elle a entièrement l'aspect fortifié. En outre, deux

---

(1) *Trullatium*, basse-latinité. *Pressoir* pour la vendange. Il y avait eu là un pressoir banal au profit du Chapître. D'où ce nom de *Trouillas*, resté à la grande tour. (Duhamel).

tours émergeaient : celle de la *Campane*, très élancée, restaurée de nos jours (1901) (1), à l'angle nord-ouest, dans le voisinage de la sonnerie de la métropole ; puis celle de la *Gache*, dont le sommet a disparu.

Entre les deux tours, deux tourelles qui surmontaient la porte d'entrée et qui s'élançaient dans les airs, au-dessus du sommet de l'édifice, ont disparu aussi ; mais elles se retrouvent en divers dessins qu'on a conservés. Elles furent démolies, en 1749, pour cause de vétusté et comme menaçant ruine : il en reste leur base en nid d'aronde, à la hauteur du premier étage, au-dessus de l'entrée du Palais.

Au fond de la tour de la Campane, au-dessous du sol, étaient les basses-fosses creusées dans le roc : c'était les oubliettes de ce donjon ! Je les ai visitées, non sans émotion, à l'époque des travaux de construction des Archives (1880-81). Aujourd'hui, de pacifiques

---

(1) La restauration de la tour dite de la *Campane* comprend le rétablissement du crénelage et couronne de machicoulis, la réfection des deux angles est de la tour, la restauration de la grande croisée s'ouvrant à l'ouest, le rétablissement de l'escalier en encorbellement à l'intérieur des deux étages supérieurs.

Coût : total environ 42 mille francs.

L'insuffisance des crédits n'a pas permis de s'occuper à présent du *châtelet* et de la tour de guette.

Le projet de restauration de Violet-Leduc comportait une tour de guette, à l'angle N.-O.

protocoles de notaire y dorment paisiblement, confiés à la garde de l'archiviste.

La tour de la Gache ou du *guet* est plus difficile à faire toucher avec le doigt, par la raison qu'elle n'existe plus comme tour.

Non loin de l'escalier d'accès du perron, où la sentinelle garde l'entrée du palais, se voit, à droite, un grand contrefort qui monte jusqu'au faîte. Ce contrefort flanquait la tour de la Gache. D'ailleurs, elle ne faisait pas autrement saillie hors du mur, et comme le couronnement, sa seule caractéristique, a disparu. Cependant, elle est là bien vivante, et même bien utile, car au rez-de-chaussée sont des cuisines, au premier étage des dortoirs, sous un mur de façade de quatre mètres d'épaisseur.

Que si on veut la silhouette, en regardant par la gauche au-dessus de la courtine, on verra son diamètre dans le parement septentrional, qui émerge ; et en s'éloignant par le pont sur le Rhône, arrivé à distance, on retrouvera très bien l'assiette supérieure de l'ouvrage, dans la perspective linéaire.

La tour de la Gache fut décapitée, en 1664, par le vice-légat Colonna, qui ne trouva rien de mieux que d'y prendre les matériaux dont il avait besoin pour construire, au pied même de la tour, un autre ouvrage, à son avis plus nécessaire, c'est à savoir un avant-corps pour défendre la porte contre les avignonais, avec fossé, pont-levis et redoutes. Cette construction, aussi odieuse que de mauvais goût, n'a disparu qu'en 1857. A cette date, le Génie militaire y substitua le perron actuel.

Après la fortification, exposons la construction et son histoire.

Rien de Jean XXII.

BENOIT XII

Le palais de Benoît XII, construit en sept années (1335-1342), fut un tout complet en soi, visant la défense encore plus que l'habitation. Il formait un carré de quatre corps de bâtiments, avec cour intérieure, et le pape dressa, aux deux extrémités du corps septentrional, des tours puissantes : celle de Trouillas à l'est, avec une hauteur extérieure de 80 mètres et une largeur de 17 à 18 mètres ; et celle de la Campane à l'ouest, avec hauteur de 66 mètres ; plus les châtelets et tours de guette, qui ont disparu pour l'une et pour l'autre, ainsi que les machicoulis.

Le corps occidental, crénelé et machicoulisé, s'étendait de la tour de la Campane au campanile à arcature de la *cloche d'argent*, soit, à l'extérieur, jusqu'à l'angle rentrant et à la poterne ogivale, aujourd'hui murée, de Clément VI.

Ces deux corps, septentrional et occidental, sont aujourd'hui occupés par les Archives.

Le corps méridional s'étendait, à l'intérieur de l'ouvrage, du campanile de la cloche d'argent au voisinage de la tour Saint-Jean, et de la partie orientale de la tour des Anges à la tour de Trouillas.

Jusqu'à ces derniers temps, les historiens avaient unanimement attribué à Urbain V la construction de la tour des Anges, vers 1364. Mais les constatations récentes du R. P. Erlhe, archiviste du Vatican, ont établi, au contraire, qu'il faut en faire honneur à Benoît XII et à sa conception première du palais apostolique. En effet, d'après le comptes des travaux conservés aux archives du Vatican, cette tour des Anges fut édifiée par Benoît XII, de 1335 à 1337. Du grand carré de bâtisses formant le nouveau palais avec cour intérieure, celle qui appartient aujourd'hui aux Archives, il détacha deux ailes, terminées au nord par la tour de Trouillas, au sud par la tour des Anges, ce qui constitua la face orientale du Palais.

Cette dernière partie (l'orientale) contient la *salle brûlée*, ainsi nommée de l'incendie accidentel du 7 mai 1313, C'est là que viendront bientôt s'adosser les jardins d'Urbain V.

Le palais de Benoît XII fut construit avec d'énormes poutres de mélèze, mesurant souvent cinquante centimètres de diamètre, et que l'on y voit encore, dans la partie occidentale. Elles étaient envoyées, en pur don, au pape pour son palais, par Humbert II, Dauphin de Viennois, et par Aimon. duc de Savoie.

CLÉMENT VI

Clément VI se vit à l'étroit dans la royale demeure. De concert avec un nouvel architecte, Pierre Obréri, il jeta en avant un nouveau corps de logis à l'occident, avec une nouvelle façade, qui devint la principale, ayant, à son centre, l'entrée du palais, à son extrémité sud la tour de la Gache, dont nous avons marqué la position, à son extrémité nord, une petite tour d'angle montée en encorbellement, avec mission de défendre au besoin cette poterne de l'angle rentrant, aujourd'hui murée, qui servit aux papes pour monter à Notre-Dame.

Cela fut mené rondement et terminé jusqu'au faîte.

Au delà de la tour de la Gache, viennent les grands travaux, dont Clément VI ne put faire que les parties basses, car la mort intervenait parmi ces grands ouvrages, et son successeur fit les parties supérieures, savoir : à eux deux, les deux chapelles superposées, qui absorbent tout le corps méridional avec ses imposantes murailles, arcboutées à la Vice-Gérence par un arceau colossal, et acôtées, au chevet, par la tour Saint-Laurent, qui fait office de contrefort.

La chapelle basse de Clément VI a servi plus tard d'arsenal. La chapelle haute, œuvre d'Innocent VI, eut une longueur de 53 mètres 50 centimètres, et une largeur de 15 mètres 90 centimètres, épaisseur des murs : 1 mètre 45 centimètres. A l'extérieur, elles sont indiquées au couchant, la première par deux fenêtres ogivales sur la hauteur desquelles le génie militaire a trouvé deux étages de dortoirs, et la chapelle haute par deux fenêtres plus élevées ci-devant ogivales et qu'un remanieur inconscient, dont le nom est connu dans le pays, a dénaturées dans l'adaptation de ces locaux à leur nouvelle destination On y a trouvé la hauteur de trois étages. Cette chapelle haute fut salle de conclave pour les successeurs d'Innocent VI: Remarquons, pour terminer, que la face ouest des deux chapelles est défendue par des machicoulis gigantesques, les plus grands qu'on ait jamais vu.

Après les grandes assises méridionales, les travaux prennent un retour d'équerre vers le nord, pour suivre la face orientale, jusqu'aux approches de la tour des Anges. Partout dans les parties basses figurent, aux clefs de voûte, les armes de Clément VI.

URBAIN V

Nous avons vu ci-devant, que ce pape, continuant l'œuvre de ses prédécesseurs, avait mis la dernière main aux assises supérieures de la courtine, qui suit au nord la tour St-Laurent, fondée par Clément VI et Innocent VI jusqu'à l'approche de la tour des Anges de Benoît XII. Nous la voyons aujourd'hui terminée par une jolie lanterne, distante, à la face extérieure, de trois ou quatre mètres des bâtiments qui flanquent la tour des Anges. Sauf cette faible solution de continuité, Urbain V compléta le périmètre du palais apostolique, et ce monument religieux eut son enceinte définitive, embrassant une surface de 15.165 mètres.

En outre Urbain V créa, en avant de la face orientale, de vastes jardins, et il appela ce quartier la *seconde Rome (altera Roma)*. C'était un acheminement à son futur départ.

On décorait l'exil, cherchant à se consoler par les emblèmes de la patrie !

Nous avons vu ci-devant, que la tour des Anges, attribuée jusqu'ici à Urbain V, doit être rendue à Benoît XII, son véritable créateur. Mais ce dernier pape ne l'a pas léguée telle que nous la voyons ; il est évident qu'elle a subi des réparations et des compléments.

En effet, cet ouvrage avancé et isolé avait nécessairement ses moyens de défense, créneaux et machicoulis, sur trois faces. Or, sur la face orientale, sont bien deux grands machicoulis descendant du faîte. On en voit deux pareils sur la face occidentale, dans la cour de la caserne.

Deux enfin existaient au sud. Mais pour contreforter la tour contre la poussée, croyons-nous — on ne peut l'expliquer autrement — on l'a flanquée, sur cette face sud, d'une tourelle carrée sans caractère, qui a aveuglé complètement l'un des grands machicoulis, celui qui avoisine l'angle de la cour de la caserne actuelle, et aveuglé partiellement, dans la proportion d'un quart, celui qui avoisine l'angle extérieur sud-est de l'ouvrage.

Cette construction supplémentaire (la tour carrée), a perdu tous ses moyens défensifs et ne fait pas belle figure. Mais elle porte, dans la partie haute, une ouverture dont l'arc ogi-

val paraît plus aigu que l'arc ogival en partie
couvert du machicoulis consolidé, et ce caractère, s'il a été voulu, attesterait la postériorité
de la construction. Evidemment, ce complément n'est pas de Benoît XII !

A qui faut-il l'attribuer ?

On vient de lire qu'Urbain V créa des jardins devant la face orientale de son palais. On
en voit le mur de soutènement, machicoulisé
dans la rue du *Vice-Légat*. Or, l'appareil
lapidaire de ce mur, qui est le *petit appareil
allongé*, est identiquement le même que
l'appareil de la nouvelle tour en question ; c'est
la même pierre absolument, tout au moins
dans la partie inférieure, jusqu'à une certaine
hauteur, celle du terrassement des jardins.
On ne peut voir ces deux bâtisses, celle du
mur de soutènement et celle de la tour carrée,
sans leur donner la même origine, et le même
auteur, Urbain V. Il n'importe guère que la
partie haute de cette tour carrée soit quelque
peu défigurée par des replàtrages.

Les constructions avoisinantes du Palais,
sont bien aussi du *petit appareil allongé* ;
mais les dimensions diffèrent. Ici, tout est
particulier. L'appareil lapidaire est aussi un
document, et non des moins éloquents.

Faisons cette remarque : des constructions
de tant de hâte, dont les auteurs survivaient

peu, comme nos papes d'Avignon, étaient terminées souvent par des mains anonymes. Cela a été vrai surtout pour le palais apostolique.

Nous avons signalé un vide à combler pour parfaire l'enceinte, entre la courtine nord de la tour St-Laurent et la tour des Anges, ou l'ouvrage y adossé.

On dirait un raccord mal réussi. Ce vide est enfin rempli par un mur sans façons et sans gloire. On la dirait l'œuvre, non d'un constructeur de palais, mais d'un maçon. Qui l'a fait ? Peut-être Urbain V, ou ses représentants, dans de mauvais jours ! Ce que nous savons, c'est qu'on travaillait encore au Palais, au départ de son dernier pape, Grégoire XI.

*

* *

Le Palais de Benoît XII avait nécessité sept ans de travaux, et le surplus vingt-huit ans. Cela coûta naturellement des sommes considérables. Celui qui y contribua le plus est celui dont le nom figure le moins : ce fut Jean XXII qui, en mourant, laissa dans le trésor apostolique, une somme équivalente à *un milliard cinq cents millions* de notre monnaie, d'après la valeur actuelle de l'argent. C'était une somme colossale pour l'époque, et alors unique en Europe. Cela permit, non seulement de bâtir, mais encore de décorer l'intérieur du palais avec un luxe souverain, et d'étaler partout les peintures des peintres les plus renommés du XIVe siècle.

Pour les détails de l'ornementation et de l'aménagement intérieur, nous renvoyons aux écrivains qui en ont traité avec compétence, notamment à M. Duhamel : *Les origines du Palais des Papes*, travail lu au congrès archéologique de 1882, et publié dans le volume de Congrès, plus la conférence faite par le même, devant les membres du Congrès, en parcourant l'édifice. Cette conférence a été publiée dans l'*Annuaire de Vaucluse* de 1884.

En 1791, le Palais était dans un état complet de dégradation : la partie du nord et celle de l'est tombaient en ruines. Depuis, on l'a mutilé en le réparant ; mais du moins il est aujourd'hui en bon état d'entretien, tel qu'il ne fut jamais, sauf au jour où il sortit neuf de la main des architectes. Avant 1870, il fut question de le restaurer, mais dans des conditions telles que c'était sa destruction radicale. Heureusement que les Vandales ont passé sans faire leur œuvre !

Aujourd'hui, depuis 1810, des troupes d'infanterie occupent, en qualité de casernes, les constructions de Clément VI, d'Innocent V, d'Urbain V, plus l'aile orientale et l'aile méridionale du palais de Benoit XII, avec les tours de St-Laurent, des Anges, de Saint-Jean et de Trouillas.

L'aîle nord et l'aîle ouest du Palais de Benoît XII étaient ci-devant consacrées aux prisons ; mais celles-ci ont été déplacées en 1871. En 1879, les locaux se trouvant libres, on les attribua aux Archives départementales et aux Archives communales d'Avignon. Les travaux de construction et d'adaptation s'exécutèrent, en 1880-1882, sous la direction de M. Révoil, et, dès le printemps de 1882, les collections de nos riches Archives y furent transportées, puis classées sous la savante direction de M. Duhamel. Ce sera l'honneur de sa carrière. L'archiviste est là au milieu de son œuvre, habitant un palais souverain.

Terminons par un mot outrecuidant de Mademoiselle de Montpensier, à propos de Louis XIV, qui, habitant le palais, du 19 avril au 1ᵉʳ mai 1663, l'avait fait occuper, ainsi que les portes de la ville, par ses propres gardes :

— « C'est bien naturel, dit-elle, attendu que c'est par bonté que les rois de France y souffrent le pape. »

LA VICE-GÉRENCE

LE PALAIS-ROYAL

Les corps de logis groupés sous ce titre sont riches en souvenirs. Là, fut l'acropole

avignonaise, le Capitole, où siégèrent les
consuls de la république, les podestats, le
viguier, puis les comtes-rois, et enfin les
conseillers communaux, jusqu'au commencement du XVe siècle. C'est là qu'aurait figuré,
en 1177, la fameuse pierre de la légende de
St-Bénézet.

En 1412, il y fut établi, par le pape, un
tribunal du Vice-Gérent, duquel ressortis-
saient les exempts des juridictions ordinaires,
c'est-à-dire, les religieux et les militaires. Le
titre n'a pas d'autre portée.

L'hôtel de Crochans (aujourd'hui l'archevêché) en absorba la partie méridionale, que
la Chambre apostolique avait aliénée en
1564. Ce qui en restait fut vendu, à la Révolution, au menuisier Bresseu, d'où il passa en
d'autres mains, de moins en moins royales.

C'est ainsi que se transforment les destinées. « Dans ces murs noircis par la rouille
« des siècles, dit M. Gustave Bayle, se sont
« succédés tous les pouvoirs qui ont régné
« sur la cité vénécienne, depuis les colonisa-
« tions phéniciennes et grecques jusqu'au
« gouvernement papal. Là, ont siégé les
« Ephores de l'Ionie, les gouverneurs ro-
« mains, burgondes, goths, francs et arabes,
« plus tard les parlements, les consuls, les
« podestats de la république *impériale*, les

« viguiers des comtes de Toulouse et de
« Provence, les juges de la cour royale, plus
« récemment les Vice-Gérents. » *Mémoires
de l'Académie de Vaucluse*, tome X,
page 96.

Nous relevons, dans ce même écrit de
M. Bayle, un trait familier du bon vieux
temps, où les conseillers de la cité délibé-
raient à la Vice-Gérence, dans l'enceinte
même qu'habitaient certains prisonniers *ha-
bités* à leur tour, y logeant, mangeant et
dormant ; et par suite ceux-ci ne manquaient
pas de gratifier ceux-là de certains hôtes peu
désirés. A propos de quoi les conseillers se
plaignaient à Grégoire XI : « ... *de vilitate
loci in quo tenentur consilia*, disent-ils dans
la délibération, *quia locus est in quo ja-
cent, sedent et comedunt incarcerati, a
quorum semine consiliarii non recedunt
alieni.* » (1)

C'est dans ces locaux de la Vice-Gérence
que M. Ducommun a établi en 1891 son usine
d'électricité pour l'éclairage de la ville, entreprise qui a été le prodrome initial de l'établissement des tramways électriques d'Avi-

----

(1) *Le vil état du local où se réunit le Conseil, lieu
où les détenus couchent, mangent et séjournent avec
leur vermine, dont les conseillers ne s'en vont pas
exempts.*

gnon, dont la grande usine est à St-Véran, laquelle a absorbé, pour l'éclairage, l'usine de la Vice-Gérence, comme nous l'avons déjà dit.

La ruelle actuellement creusée dans le rocher, sous le grand arceau, n'a pas toujours été ouverte à la circulation. C'est seulement en 1495 que le conseil de ville fit abaisser le roc en cet endroit, par la sape. La mine joua, et elle ébranla la tour de l'ancien palais communal qui surplombait et dont on voit encore les premières assises au-delà du grand arceau. Enfin, totalement désagrégée, la tour fut jetée bas par le vent en 1855, et écrasa plusieurs familles qui l'habitaient. (G. Bayle).

Après 1495, d'autres travaux pour adoucir le passage furent faits : en 1516, 1572, 1755, 1760. Le niveau actuel, qui est définitif, date de 1855.

L'HOTEL DE VILLE

Ce monument fut élevé à partir de 1845, et il a été inauguré le 24 septembre 1851, quoique inachevé. Les divers services n'ont pu y être installés qu'en 1852, et les travaux complémentaires ont duré encore assez long-temps.

Les plans sont de l'architecte Joffroy. L'or-nementation de la façade, avec ses huit belles colonnes corinthiennes en marbre de Crussol, fut de l'architecte Feuchères, qui reconstruisait, au même temps, le théâtre, récemment détruit par l'iucendie.

Le nouvel édifice s'éleva au lieu et place d'anciennes constructions municipales, dont le souvenir mérite d'être conservé, et qui ont disparu dans la démolition de 1845.

La partie est de l'ancienne Mairie, portant la façade, avait été édifiée en 1327, par le cardinal Jean Colonna, sous le nom de *Livrée d'Albano* qu'elle porta plus tard ; elle fut acquise par la Ville, en 1447, pour y établir le siège du pouvoir municipal.

A l'origine, la grande tour n'existait pas, et quand le cardinal Audouin Aubert, neveu d'Innocent VI, l'éleva en 1354, elle ne fit pas partie du domaine précité ; et, par son testament, ce cardinal la légua, avec ses dépendances, aux Religieuses de Saint-Laurent, dont la maison occupait partie du théâtre et partie de notre hôtel de ville, à l'ouest de l'un et de l'autre.

Lorsqu'en 1461, le Conseil de la Ville, déjà en possession de la *Livrée d'Albano*, délibéra de faire établir une horloge publique, il loua, à cet effet, ladite tour par bail emphytéotiques aux dites Dames, pour l'y installer, à raison de 20 florins par an. Le florin valait de

10 à 11 francs de notre monnaie. Notons en passant que cette horloge n'était pas encore achevée en 1469 : les lenteurs administratives sont de tradition !

Pourtant, la cloche battit l'an d'après et elle a vécu jusqu'à ce siècle, portant glorieusement son millésime de 1470 ! Mais elle n'était pas couverte, et ce ne fut que dix-neuf ans plus tard que, par sa délibération du 15 mai 1489, le Conseil décida de couvrir la sonnerie. Ce fut alors que le sommet de la tour s'élança flamboyant de flèches et de clochetons, à peu près tel que nous le voyons aujourd'hui.

Enfin en 1497, la Ville, plus riche, acheta des Dames de Saint-Laurent, la tour elle-même, sur laquelle s'élevait son beffroi, et dont elle n'avait joui précédemment qu'à titre de locataire.

Le couple de Jaquemart (1) et de sa femme, que l'on voit au Musée, fut la pièce curieuse de l'ancienne sonnerie. On l'a descendu dans une réfection contemporaine (1838), pour le remplacer par un couple plus jeune, lequel a cédé à son tour la place au couple actuel, en 1894.

Voici la généalogie des cloches qui ont

----

(1) De Jaquemart*eau*, le nom marquant la fonction.

battu les heures de la vie aux habitants d'Avignon, sur la tour du Capitole municipal, depuis la première dont nous avons signalé ci-haut l'érection, en 1470, jusqu'à la quatrième qui y est battant depuis 1856. Puisse-t-elle avoir longue vie, comme sa bisaïeule !

Premier beffroy. Date 1470. Poids, 3.033 kilos. Cassé le 27 mai 1837, ayant duré 367 ans ! !

Il portait cette inscription, reproduite dans les refontes postérieures :

« Aquesta campana a fach faire la villa d'Avignion estent consols nos nobles homes Anthoni Seytre et Jaco Bisqueri et Johan Raoux

L'an MCCCCLXX. »

Le 26 juillet 1793, un boulet tiré par le capitaine Bonaparte, de la montagne de la *Justice*, fit une brèche au bourdon, sur le bord de la pince ; mais la cloche ne fut définitivement fêlée qu'en 1837.

Deuxième beffroi. Date : Septembre 1838. Mairie Geoffroy. Poids : 3.958 kilos. Cassé le 13 juin 1852.

Troisième beffroi. Date : 23 Décembre 1852. Mairie Eug. Poncet. Poids : 4.320 kilos. Cassé le 30 mars 1856.

Quatrième beffroi. Date : 2 Août 1856. Mairie Paul Pamard. Poids : 4.725 kilos.

Fondeur, Burdin à Lyon. (Sa note est le *sol dièze*). (1)

Quant à l'aspect de notre palais municipal, ceux qui voudront comparer le présent au passé pourront voir au Musée Calvet, sous le n° 145, un tableau du marquis des Isnards, reproduisant la vue de notre ancien Hôtel de Ville, On peut voir aussi le n° 144, moins historique.

---

(1) LE MÉCANISME. — Le mécanisme horaire que l'on a renouvelé en 1894 datait de 1779. Il avait été monté par l'horloger Brunet (Jean-Antoine), au prix de 5.500 livres. Il a duré 115 ans, avec de simples réparations volantes ou d'entretien.

Le nouveau mécanisme de 1894 a une toute autre importance. Pour sa marche et son fonctionnement, nous en empruntons la description aux explications que M. Ducommun a fournies à la Commission.

« L'ancien mécanisme était établi dans la partie la plus haute de la tour ; mais le nouveau est à dix-sept mètres en dessous dans une grande salle de la dite tour.

L'horloge est de forme horizontale et mesure trois mètres de longueur, sur 80 centimètres de largeur. Toutes les roues sont en bronze ou en cuivre ; tous les axes, pignons, détentes, etc., sont en acier ; les roues premières des deux corps de rouages actionnant la sonnerie des heures et demies et la sonnerie de la répétition des heures, ont 56 centimètres de diamètre sur une épaisseur de denture de 6 centimètres. Elles sont croisées à cinq bras ; les dentiers des roues et des pignons sont de forme pyramidale, arrondis sur les points de contact, pouvant résister à un effort de 2.000 kilos. Elles pèsent 70 kilos chacune. La levée des marteaux est de 30 centimètres, obtenue sur la roue première, et non au moyen d'équerres ou leviers différentiés qui surchargent l'engrenage et amènent rapidement l'usure.

Le résultat direct est d'augmenter dans de grandes proportions la force de la sonnerie, qui est de moitié plus puissante que l'ancienne. La transmission aux deux

En 1891, la place de l'Horloge a été embellie du monument du Centenaire de la réunion à la France, dû aux sculpteurs Charpentier et Férigoule.

On comprend maintenant d'où est venu, au Forum avignonais, ce nom de *place de l'Horloge*, qui fut en son temps très décoratif.

cadrans, dont l'un mesure 3 mètres 60 centimètres, et l'autre 4 mètres, à des différences de niveau inégales et à une hauteur de 14 mètres depuis l'horloge, est faite au moyen de tubes creux montés sur galets. Les aiguilles sont mises en mouvement toutes les demi-minutes, au moyen d'un remontoir d'égalité d'un système *nouveau* et très sûr, lequel remonte la roue d'échappement par un ressort concentrique, et met ainsi les aiguilles et leur minuterie complètement à l'abri des effets que peuvent avoir sur elles les plus forts coups de mistral.

La preuve concluante en a été faite depuis le 10 juillet, époque à laquelle cette horloge a été mise en marche. Sa variation est inférieure à une minute par mois Les contrepoids pèsent ensemble 950 kilos. pour les trois corps de rouage ; ils sont en fonte et leur traction s'opère de bas en haut au moyen de câbles métalliques mouffés à trois cordons. Les appareils électriques sont placés directement sur l'horloge : ils sont actionnés. l'un par le remontoir d'égalité chaque fois qu'il fait son évolution, c'est-à-dire toutes les demi-minutes. et peut, pour l'avenir, transmettre le courant à un nombre quelconque d'horloges publiques : — l'autre opère son action toutes les heures, au moment où l'heure va sonner, en mettant toutes les horloges dans le circuit et produisant ainsi. au moyen des fils aériens qui les relient, la remise à l'heure électrique.

Les *automates* remis à neuf, et dont le mécanisme a été complètement transformé. fonctionnent parfaitement. La femme, qui autrefois restait immobile, présente un bouquet chaque fois qu'un coup est frappé. »

La réception officielle de cette horloge, par la Commission municipale, est du 13 octobre 1894 ; mais la mise en marche avait eu lieu dès le 10 juillet.

Notre place de l'Horloge n'eut pas toujours son périmètre actuel. Partie *sur* les locaux du théâtre (commencé en 1824 sur une étendue du monastère des Dames de Saint-Laurent) et partie *devant*, étaient les quartiers de l'Herbolerie, de la Pastisserie et de la Coutellerie, démolis vers 1826, par suite de la construction de la nouvelle salle de spectacles.

LA PRÉFECTURE

C'est une belle maison qui est à la hauteur de sa destination, sans avoir un caractère architectonique ; mais elle a une physionomie dans l'histoire.

A la fin du XIVe siècle, elle fit partie de la Livrée du cardinal de Poitiers. Au siècle suivant, l'acquisition en fut faite par le cardinal Julien de la *Rovère*, qui y fonda, en 1496, le collège du *Roure*, le cardinal, quant à lui, habitant, comme archevêque d'Avignon, le *Petit Palais* (aujourd'hui le Petit-Séminaire), dévolu à ces prélats pour leur demeure.

Le collège ayant été évacué en 1709 par Bulle papale, le marquis de Forbin Sainte-Croix se rendit acquéreur des bâtiments, qui passèrent ensuite en héritage au marquis de Forbin des Issarts, desquels le département de Vaucluse les acheta en 1822, pour les affecter définitivement à la résidence des préfets.

Lorsque le département fit cette acquisition de l'hôtel de Forbin, l'administration centrale y était déjà installée dès le mois de septembre 1793, et elle l'occupait comme bien national. Il en résulta ceci, que l'on ne procéda pas à la vente de ce bien d'émigré, et que, quand celui-ci rentra, la propriété lui en fut rendue en titre, ce qui lui permit de le vendre plus tard au département, lequel n'avait pas cessé de l'occuper en location dans le dernier laps de temps.

Les bureaux de la Préfecture sont en tace, dans l'ancien hôtel de Verclos, à la gracieuse façade d'ordre dorique. Cet hôtel fut acquis par le département en 1876, pour recevoir les archives. Ensuite, après l'installation de celles-ci au Palais des Papes en 1882, les bureaux de la Préfecture y furent transportés, l'hôtel Fallot de Beaumont, qu'ils occupaient ci-devant, étant démoli pour l'ouverture de la *rue Viala*.

C'est dans la dépendance intérieure du même hôtel de Verclos que l'architecte Tiers a édifié la salle du Conseil général du département, inaugurée en 1878 à la session d'avril.

5

L'ARCHEVÊCHÉ

LE PETIT - SÉMINAIRE

Il n'y a rien à dire de l'archevêché actuel que son origine. Le développement s'en est fait aux dépens des anciens locaux de la Vice-Gérence, en passant par les mains d'acquéreurs successifs. La partie ainsi aliénée appartint en dernier lieu au duc de Villars-Brancas, puis à la famille de Guyon-Crochans, qui la fit reconstruire sur un nouveau plan. Un membre de cette famille devint archevêque d'Avignon (1742-1756).

Ledit hôtel n'a été affecté au logement de l'archevêque qu'à partir de 1821.

Loin de là fut l'archevêché primitif, aujourd'hui le Petit-Séminaire, donnant sur le Rhône par sa face nord, qui fut construite en 1438. Sa façade sud actuelle, sur la place du Palais, fut, en 1477, l'œuvre de Julien de la Rovère, neveu de Sixte IV, qui érigea Avignon en archevêché en sa faveur : ce n'était jusque-là qu'un siège épiscopal.

Cette place du Palais est décorée de la statue du *brave Crillon*. C'est une œuvre de plus de vigueur que d'élévatiom et de noblesse.

BIBLIOTHÈQUE ET MUSÉE CALVET

L'établissement nominativement attribué à M. Calvet, a les apparences d'être fondé par son testament de 1810, bien que les éléments en aient, pour la plus grande partie, d'autres provenances.

Disons d'abord que, en fait, il contient aujourd'hui environ :

1° 125.000 volumes ;

2° 2.000 manuscrits ;

3° 22.000 médailles ;

4° Une collection épigraphique ;

5° Plusieurs galeries de sculpture et d'architecture antique, moyen âge, renaissance et moderne ;

6° Une collection archéologique d'objets romains, lui donnant un des premiers rangs parmi les musées de province ;

7° De nombreuses statues modernes, dues au ciseau de maîtres renommés ;

8° Une riche galerie de tableaux qui s'accroît tous les jours ;

9° Une galerie de portraits des célébrités vauclusiennes ;

10° Le *Christ* de Jean Guillermin, dont l'exécution est datée de 1659. Elle fut payée, selon accords, *quarante écus blancs effectifs* pour le salaire, plus deux pistoles de gratification. On avait fourni à l'artiste un bloc d'ivoire de 73 livres, acquis à raison de 38 sous la livre. Le compte acquitté, qui figure dans les écritures des *Pénitents de la Miséricorde*, met à néant la fable d'un neveu compromis, et de la rançon d'un prisonnier par un artiste.

Il n'entre pas dans notre plan de faire place au détail de toutes ces richesses. Il faut que chacun consulte les catalogues des collections et parcoure les galeries.

Ce qui vient de droit sous notre plume d'historien, ce sont les péripéties qu'eurent à traverser les collections, pour être finalement appropriées, installées et organisées.

Le riche établissement a une double origine :

1º D'abord, le précieux mobilier des couvents et des églises, en livres, tableaux, œuvres d'art, qui turent nationalisées à partir de 1792 ;

2º En second lieu, le legs de M. Calvet, en 1810.

La première partie fut de beaucoup la plus considérable. Ces immenses richesses furent déposées provisoirement à *l'ancien archevêché*, aux Célestins, à l'hôtel de Seytres-Caumont, au Séminaire Ste-Garde, à Saint-Martial. *L'archevêché* ne fut acquis, en l'an

IV (vente du 23 juin 1796 ; prix : 32.400 livres),
par l'adjudicataire Duroure, qu'avec cette
clause dilatoire, que les objets y déposés ne
seraient enlevés et déménagés que lorsqu'un
local convenable leur serait définitivement
alloué, ce qui n'eût lieu qu'en l'An XIII
(1805).

Pendant que durait cette longue expectative,
Duroure ne cessait de réclamer l'évacuation,
d'autant mieux qu'on ne lui payait aucun
loyer. Mais l'appropriation d'un local, le déplacement et l'organisation nécessitaient des
frais auxquels l'Etat ne pouvait pourvoir.

Un biais fut trouvé : l'Etat, tout en maintenant son droit de nue-propriété, abandonna
la jouissance des objets à la ville, à la condi-
tion que celle-ci ferait tous les frais d'installation, d'entretien et d'administration ; et
l'Etat cédait, dans les mêmes conditions, le
local de Saint-Martial, alors en fort mauvais
état, pour l'installation définitive du *Muséum*.

La ville accepta, appropria Saint-Martial
tellement quellement. A partir de là, elle fût
usufruitière, et l'Etat nu-propriétaire de nos
Musées.

L'installation à St-Martial est de Juin 1805
et le 28 prairial an XIII (28 juin 1805), les
clés de l'*archevéché* furent rendues à Duroure qui put enfin entrer en jouissance.

Les choses en étaient là quand le legs Calvet apporta, avec ses dons, de nouvelles complications.

Par son testament du 10 janvier 1810, le docteur Calvet légua à la ville d'Avignon ses livres, ses manuscrits, ses antiques, ses collections d'histoire naturelle, avec cette clause exclusive : Que ces objets resteront isolés de tout autre collection, *et ne pourront être confondus et mêlés avec ceux de la Bibliothèque et du Musée établis par le Gouvernement.*

De là, résultèrent des contestations avec les héritiers naturels, de nombreuses discussions au Conseil municipal, appels au Conseil d'Etat, etc.

Une solution fut enfin trouvée en 1820 ; par délibération du 21 juillet, le conseil municipal se dessaisit de ses droits sur ses musées et sa Bibliothèque, et les transmit en titre et ès noms, au musée intentionnellement fondé par le legs Calvet, en titre et en fonction. Par là, la ville échappa à la difficulté du double muséum et de la dualité d'administration, ce qui aurait été une grande charge, et se présentait jusque là comme l'obstacle réel.

C'est là une finesse qu'un normand de Viré n'aurait pas désavouée peut-être. Mais il n'y eut plus à dire mot, car ce fut accepté de tous et définitif.

Déjà par délibérations et autorisations compétentes de 1814, 1816, 1817, les tableaux enlevés aux églises furent rendus à celles qui avaient été rétablies, pour l'usage et l'ornement du culte ; non comme restitution, mais comme prêt et dépôt responsable.

Ainsi les tableaux de nos églises d'Avignon appartiennent généralement au Musée, et par lui, à l'Etat, notamment pour : la Métropole, Saint-Agricol, Saint-Pierre, Saint-Didier, Saint-Symphorien, Saint-Louis, le Grand-Séminaire, le Lycée, les religieuses de l'hôpital, les Pénitents Gris, les Pénitents Blancs, les Pénitents Noirs.

Malgré cette sortie de toiles du local municipal, au profit des églises, Saint-Martial était encore encombré ; l'espace était devenu, par les acquisitions nouvelles, absolument insuffisant. Cela étant bien constaté, la Ville décida le déplacement de ses musées et bibliothèque, malgré la dépense : elle fit (1832) l'acquisition de l'ancien hôtel de Villeneuve, alors possédé par M. Deleutre. Le prix fut de 85.860 francs. L'achat fut voté par le Conseil municipal le 14 mars 1832, et sanctionné par Ordonnance royale du 28 juin. Les travaux d'appropriation durèrent deux ans, et les livres, tableaux et collections y furent transportés en 1835. C'est là qu'ils sont depuis lors et ils ne seront jamais mieux.

L'hôtel de Villeneuve est de la fin du XVIIe siècle. Uue récente porte en fer forgé, signée *Biret* (1888), en ferme l'entrée.

« Telles furent les origines du musée d'Avi- « gnon. Depuis la Révolution, dans la pre- « mière période, de 1792 à 1810, il se forma « sous l'influence des décrets de la Convention « par l'administration du Directoire du dépar- « tement. Dans la seconde période, il s'aug- « menta considérablement et fut absorbé par « le legs Calvet. Il est devenu de nos jours, « grâce à des accroissements continuels, l'un « des établissements les plus riches de la pro- « vince, et l'un de ceux qui peuvent, selon la « belle expression de ses fondateurs, rendre « le plus de services à l'instruction publique ». (Duhamel. — *Origines du Musée d'Avignon*. Mémoire lu à la réunion des Sociétés des Beaux-Arts, dans la séance du 12 juin 1889).

On parle, de temps à autre, de loger ces richesses au palais des Papes. Comme pers- pective lointaine et satisfaction de ceux qui n'en usent guère, il y aurait satisfaction peut-être ; mais non profit pour l'éclairage des galeries de tableaux et objets d'art, et des salles de lecture, avec des murs de quatre mètres d'épaisseur, pour le service de la Bibliothèque, disséminée en des salles mal distribuées et sise à des hauteurs très fatigantes pour le personnel. N'oublions pas le mistral qui rendrait souvent le local peu accessible aux visiteurs.

MUSÉE REQUIEN

Les richesses scientifiques léguées par le docteur Calvet et par Esprit Requien (1), ci-devant organisées à St-Martial (voir page 73), ont été transportées à côté de la Bibliothèque Calvet et de la salle des célébrités vauclusiennes. Leur réinstallation dans ce nouveau local à la suite de deux déplacements, de St-Martial à l'Hôtel-de-Ville avec stationnement, et de là au Musée, a coûté 3,128 francs. Elle a été complète en août 1902, et l'inauguration en a été faite le 4 septembre suivant.

Ce nouveau musée comprend trois salles longeant la rue Bouquerie, la troisième faisant un retour d'équerre sur la rue Victoire.

L'entrée donne sur le jardin.

La salle n° 1, mesure 9 mètres de longueur et 7 mètres de largeur. Elle contient la Minéralogie et divers herbiers.

---

(1) Voir plus loin, une biographie sommaire d'Esprit Requien.

La salle n· 2 mesure 14 mètres sur 14,80. Elle contient la suite de la minéralogie (1) la Bibliothèque Requien.

La salle n· 3 a 7 mètres sur 14 80. Elle contient le complément de la Conchyliologie, l'histoire naturelle et l'herbier Requien.

La hauteur des salles est de 5 mètres.

LE PALAIS DE JUSTICE

Au dernier siècle, il existait dans une rue étroite, avoisinant la place Pie, le séminaire Sainte-Garde, fondé en 1719, par une société de missionnaires : ils furent sécularisés et liquidés en septembre 1792. Leur élégante chapelle avait été finie seulement en 1775.

Là. il y avait des robes noires et, malgré la sécularisation, il y en a toujours. Mais ce sont aujourd'hui des juges à toque, traitant de sujets temporels qui sont moins faciles à accommoder que les spirituels. Aux *Gardistes*, ont succédé le Tribunal civil et le Tribunal de commerce, le Parquet et les suppôts, qui y sont installés depuis le 2 Thermidor An VIII (21 Juillet 1800), en vertu d'un arrêté du Premier Consul du 24 Germinal même année (15 avril 1800).

Toutefois, la salle actuelle des audiences du Tribunal civil n'a été construite qu'en 1856.

____

(1) Partie de la conchyliologie.

LE THÉATRE

On voit sur la place Crillon, anciennement dénommée place de la Comédie, une élégante façade, faisant face à la Porte de l'Oule, et affectant des airs de monument : ce fut la salle de spectacle de nos pères, construite en 1795, Elle était petite, mais elle vit de grands artistes, Talma, notamment.

La moderne Thalie, l'exigeante Melpomène et leur sœur Terpsichore demandaient une plus riche installation. On la leur donna, en 1824, dans une intelligente construction de style grec qui indiquait d'abord sa destination avec sa double colonnade superposée, dont l'entablement était couronné par un alignement de statues, représentant Apollon et les Muses (placées aujourd'hui au square Saint-Martial).

Là on vit jouer Mme Dorval, s'y affectionnant au point d'y passer presque toute une saison. Mais son génie ne sauva pas plus cette salle que Talma n'avait maintenu sa devancière : ce théâtre brûla le 25 janvier 1846. Nous avons vu vers dix heures du matin, la noire fumée qui montait du foyer incandescent, remplir l'atmosphère, les ouvriers qui faisaient des réparations dans les combles, courir affolés sur la toiture, et se sauver au moyen d'échelles qu'on adapta, perpendiculaires, aux colonnes du péristyle. Le concierge, Dervieu y périt ; son cadavre fut retiré des décombres !

La nouvelle salle s'ouvrit en Novembre 1847. Les dessins sont de l'architecte Léon Feuchères ; l'ornementation, tant extérieure qn'intérieure, est due à M. Biès et Klagman.

Les socles du péristyle sont enrichis de deux statues colossales de Corneille et de Molière, dues au ciseau de deux avignonais, Louis et Joseph Brian, la première de Louis, la seconde de Joseph. Ils sont nés à Avignon, rue Calade, n· 10, où leur père exerçaît la profession qu'a illustrée Figaro. Ils sont morts à Paris, Joseph, l'aîné, en 1861, et Louis, en 1864.

Plus haut, sur le balcon, se voient les médaillons de Pétrarque, du roi René et au tympan, un buste d'Apollon ; au-dessous, dans les angles ménagés par un archivolte, sont couchées nonchalemment, deux femmes symboliques, vêtues de nu, comme les nymphes des eaux ; elles représentent Vaucluse et la Durance.

Avignon a vu naître Mme Favart, célèbre actrice, morte en 1772, et Antoine *Trial*, dont le nom est resté comme caractéristique d'un genre scénique.

L'HOTEL DES MONNAIES

Une façade connue sous ce nom, devant le Palais des Papes, ne fut jamais qu'une façade. Un architecte italien l'éleva en 1619 et il en décora l'écusson des armes de Paul V, écusson qu'on a gratté depuis, avec inscription de sa destination orgueilleuse : *Auro, argento, cere flando, feriendo ;* mais on n'y frappa jamais aucun métal.

L'édifice a servi à donner tout à côté, un nom à la rue de la Monnaie, un abri aux chevau-Légers de la Vice-Légation avant 1790, de nos jours une caserne temporaire à la gendarmerie, puis un refuge à l'administration municipale de 1846 à 1852, pendant la construction du nouvel Hôtel-de-Ville.

Il y a actuellement le Conservatoire de Musique.

Les dessins plus que vigoureux de son ornementation ont fait dire qu'ils étaient inspirés par les cartons de Michel-Ange ; mais l'incorrection du dessin, ne permet pas d'y insister.

Les deux aigles qui ornent le milieu de la galerie supérieure ne sont pas sans valeur. Elles furent mutilées à la réaction politique de 1815.

Mais, en 1864, elles ont été reconstituées au ciment par un artiste italien nommé Saquetti. On ne jugea pas à propos alors de rendre le même office aux deux grands volatiles de fantaisie qui sont aux deux extrémités de la galerie, dont une passion doublement aveugle avait fait également tomber les têtes.

Ajoutons que depuis 1864 les restaurations de cette date à la galerie supérieure ont beaucoup souffert.

L'HOTEL DE LA BANQUE

A côté du pseudo-hôtel des Monnaies est un établissement mieux nommé et mieux doté, où coule un pactole effectif : c'est la succursale de la Banque de France. Elle fut installée en 1851 dans l'ancien hôtel La Palun, construction de style, sobre et gracieux, du dernier siècle, dont la façade primitive, avec pilastres à chapiteaux ioniques. donne sur la place du Palais.

Cet édifice limite très heureusement le parallélogramme de la place du Palais et celui de la place de l'Horloge, donnant à l'un et à l'autre des proportions acceptables. Ceux qui parlent parfois de le jeter bas, pour, des deux places, n'en faire qu'une, ont moins le sentiment de l'art que la satisfaction de convenances qui lui sont étrangères !

De plus, cette maison fait la barriére au

mistral qui, sans elle, balaierait les promeneurs comme poussière, sur la place de l'Horloge. On découvrirait, il est vrai, le Palais des Papes, mais on découvrirait aussi l'habitant en hiver, et l'un vaut bien l'autre. Si l'édifice n'existait pas, il y aurait urgence à le construire.

NOTRE-DAME-DES-DOMS

Cette église ne remonte pas à Charlemagne, comme le prétend une légende populaire. Son architecture indique le XIe ou le XIIe siècle. M. Rochetin tient pour le XIe. Le porche est de style roman, et l'éminent archéologue Révoil n'hésite pas à le dater de l'époque carlovingienne. Plus tard, on lui aura juxtaposé une église gothique.

M. Jules Courtet attribue la construction ou la reconstruction de l'église à l'évêque Foulque, au commencement du Xe siècle (911). Mais cette nouvelle église aura péri par incendie ou autrement : le porche seul resta, dit-il, et l'église fut relevée au XIe ou XIIe siècle, avec sa voûte ogivale en berceau à tiers-point, telle que nous la voyons. Elle était plus étroite pour sa longueur que ne l'étaient les églises romanes : la longueur est de 44 mètres sur 9. D'ailleurs les chapelles latérales sont toutes de date postérieure à la **fondation.**

Pour les besoins du service et le nombre des chanoines, en 1671 on refit et agrandit l'abside à sa dimension actuelle.

La coupole en pendentif, qui est à la cinquième travée, paraît moins ancienne que la nef. Les peintures qu'on voit à l'intérieur de ce petit dôme sont de 1672.

Le canon de Rodrigue de Luna, que gênait le clocher, découronna celui-ci en 1410 ; il l'abattit jusqu'aux petites colonnettes engagées, qui se voient coupées à mi-hauteur du monument. On sait que ce neveu de Benoît XIII défendait le palais contre les Catalans. Le clocher fut relevé en 1431 dans sa partie supérieure, les petites colonnettes restant tronquées. Il fut alors tel qu'on le voyait avant l'érection récente (1859) de la statue de la Vierge.

La sonnerie a neuf cloches (celle de Saint-Didier onze). Le carillon est en bon accord et remarquable. Le bourdon pèse 6.301 kilos. J'ai assisté à son coulage le 31 octobre 1854, à l'usine Perre, à Avignon. Sa note est le *fa dièze*.

Les chanoines de la Métropole, par privilège, portent la *cappa magna* cardinalice.

Les tribunes, dont le style s'harmonise si peu avec l'édifice, mais qui sont d'ailleurs très belles, sont de 1672. Elles furent faites

Théâtre   Municipal

Conservatoire de Musique (Ancien Hôtel des Monnaies)

par l'archevêque *Libelli*, mais aux frais de la ville, sur les dessins de Pierre Mignard l'*Avignonais*. On voit à Saint-Agricol, à droite, en entrant, le tombeau de cet artiste.

Dans la chapelle dite de la *Résurrection*, que construisit, en 1682, le même archevêque Libelli, sont les *apôtres* de Puget, et la magistrale *vierge* de Pradier.

Les fresques du Porche, fort dégradées, pour ne pas dire anéanties, sont attribuées à Simon Memmi. Celles de la chapelle du St-Sacrement sont d'Eugène Dévéria (1838). C'est là qu'on voit le mausolée de Benoît XII, refait en 1765, et placé en 1839, là où il se voit aujourd'hui.

Celui de Jean XXII, qu'on a relégué dans les dépendances de la sacristie en 1839, pour sa bonne conservation, est un bel échantillon du gothique fleuri du XIVe siècle.

Le siège archiépiscopal des grands jours est l'antique chaire des papes. Le respect des siècles l'avait scellée au mur à grande hauteur et hors de contact en la paroi occidentale de la chapelle du St-Sacrement, où je l'ai vue.

L'archevêque Dupont, qui n'était pas modeste, la descendit (1836) et la mit à son usage.

Le tombeau de Benoît XII, aujourd'hui

déplacé, était alors adossé au même mur, fort en dessous de la chaire papale.

Le Baptistère est de 1506.

Immédiatement derrière le siège archiépiscopal était une vaste inscription funéraire de Crillon, qui par son ampleur occupait une place orgueilleuse On l'a mise sur le côté en 1845, sur une plaque assez artistique, mais très réduite. Quant au caveau de famille, il est recouvert d'une dalle qui s'allonge en bordure, avec inscription, devant les marches d'accès au trône pontifical.

Le cardinal de Foix (1433-1461) fit faire le grand escalier qui gravit la rampe ; il y mit autant de marches qu'il y a de mots dans l'Oraison dominicale, et on l'appela l'*escalier du Pater !* Mais, dans les réparations de 1848, on mit cinq marches de plus, ce qui rompt le charme. Puis, en 1892, réfection nouvelle des marches. A-t-on ajouté ou retranché ? Appel aux amateurs !

Le Calvaire se rattache à la Mission de 1819. La restauration de Notre-Dame-des-Doms est aussi de cette date. Le culte y fut rétabli en 1822, et le Chapitre en 1836.

Le mur de soutènement du Calvaire est du XVIIIᵉ siècle. Il a été restauré, pour ne pas dire refait, en 1894.

M. Jules Courtet, dit que l'Escalier de Ste-

Anne est de 1491, qu'il a été refait en 1698 et en 1743 *(Dictionnaire des Communes)*, or, il préexistait et avait là un prédécesseur, puisqu'il est mentionné dans une Bulle de Jean XXII, de décembre 1318. *Duhamel.— Les origines du Palais des Papes).*

Lire l'Etude de M. Duhamel : *De l'origine du mot Doms*, d'après lequel ce mot dérive de *Domus*, Eglise métropolitaine au moyen âge.

TABLEAUX DE LA MÉTROPOLE
(DÉPOT)

Levieux (Raynaud). *Présentation.*
Mignard (Nicolas). *Annonciation.*
Mignard (Nicolas), *Visitation.*
Mignard (Nicolas), *Purification.*
Parrocel (Pierre), *Résurrection.*
Parrocel (Pierre), *Assomption.*
Mignard (Pierre), fils de Nicolas, *Assomption.*
Parrocel (Pierre), *Annonciation.*
Parrocel (Pierre), *St-Bruno.*
Parrocel (Pierre), *St-Ruf.*

(HORS DÉPOT)

Simon de Châlons. *Jésus montant au Calvaire.*

Nota. — Les tableaux que nous signalons dans ces notices, sont généralement ceux qui ont été déposés aux églises d'Avignon par le Musée Calvet, en vertu d'une lettre ministérielle du 17 janvier 1817, et d'après la Notice publiée en 1880, par M. de Loye, conservateur du Musée.

Nous ne contestons pas le mérite des autres, s'il y en a, et qu'ils en aient. Nous en citons quelques-uns sous la rubrique : *Hors Dépôt*.

EGLISE SAINT-AGRICOL

Les Sarrazins avaient tout détruit (731), dit la légende. C'est sans doute aussi la légende qui fait reconstruire par l'évêque Foulque (911), Notre-Dame-des-Doms, Saint-Pierre, Saint-Didier et Saint-Agricol. C'est beaucoup pour un seul évêque ! S'il a fait beaucoup, en tous cas, il n'a pas fait solide, car peu après, tous ces édifices sont des reconstructions Nous l'avons vu pour Notre-Dame-des-Doms ; nous le verrons pour tout le reste. Voyons-le aujourd'hui, pour Saint-Agricol.

Les divers chroniqueurs disent que Jean XXII fit reconstruire et agrandir cette église en 1320, telle que nous la voyons, et ce qui est contradictoire, que les deux nefs latérales et une travée, sont de 1420, et que la façade est de 1435.

D'autre part, M. l'abbé Requin dit (1) *qu'elle a été reconstruite de fond en comble vers la fin du XV⁰ siècle ; et il ajoute : Nous établirons un jour cette dernière affirmation avec pièces à l'appui.*

______

(1) Mémoires de l'Académie de Vaucluse, tom. VI, page 153.

Attendons !

Ce que nous avons à constater dès à présent, c'est que cette église, un léger vaisseau à trois nefs de gothique pur, est la plus jolie d'Avignon.

Le maître-autel, de marbres rares, est du sculpteur Péru, ainsi que l'élégant autel qui est au fond de la nef à gauche, à côté d'un luxueux mausolée. La chapelle de la Vierge, à la coupole élancée, est, dit-on, de Péru aussi, ainsi que les statues de St-Jean et de Sainte-Elisabeth qui la décorent. Mais la Vierge et l'autel sont de Coysevox. Cette chapelle est fort jolie, mais elle s'harmonise peu avec le style de l'édifice.

La belle vasque en marbre blanc du bénitier fut un don de M. de Sobirats, viguier, vers 1440.

Au fond de la nef de droite est un autel-rétable de plus de 7 mètres de haut et de 3 mètres de large, dit *le tombeau des Donis* (1). Ce groupe représente l'*Annonciation*.

TABLEAUX DE SAINT-AGRICOL

Sauvan *St-Michel*, d'après *Le Guide*.
Mignard (Nicolas), *Nativité*.
Parrocel (Pierre), *St-Jean*.

---

(1) Commandé par Paul Doni au sculpteur Boachon (1525).

Trévisani, *Sainte-Famille.*

Mignard (Nicolas). *Notre-Dame-de-Pitié*, d'après Carrache.

Vernet (François). *Notre-Dame-des Pauvres.*

Guilhermi, *Descente du Saint-Esprit.*

Parrocel (Pierre). *Saint Bernard en prière.*

Parrocel (Pierre). *Saint-Antoine de Padoue.*

Parrocel (Pierre). *Saint-Antoine portant le viatique.*

(HORS DÉPÔT)

Parrocel (Pierre). *Le Sauveur prêchant.*

Anonyme. *Assomption.*

EGLISE SAINT-PIERRE

La reconstruction de St-Pierre se fit sur les ruines de l'inévitable Foulque, dont nous avons parlé.

La façade, de gothique fleuri, est de 1612-1625. Elle avait dû être précédée d'une autre moins artistique. La *Vierge* du trumeau, entre les deux portes, est attribué à Bernus par celui-ci, à Péru, par celui-là ; un troisième dit : Qui sait ? Ces portes, un peu lourdes, mais bien sculptées, sont du menuisier Volard, et de la date de 1551. Les venteaux représentent, l'un *Saint-Michel* et *Saint-Jean*, l'autre *l'Annonciation*. Ils furent payés, avec les tribunes, 1.800 écus d'or.

La chaire moyen-âge est un chef-d'œuvre de patience. Mais, par contre, on voit dans le chœur des boiseries de 1596 qui font un bien mauvais effet, par le contraste avec le gothique de l'édifice. Mauvais effet aussi ce collatéral qui dépare une église dont la nef est d'ailleurs fort gracieuse.

On voit dans ce collatéral un beau groupe en rétable, dit du *Saint-Sépulcre*. Ce sont sept statues de pierre sculptées en 1431, aux frais de la famille Galéan.

A l'entrée de l'abside, à droite et à gauche, sont les statues en pied de St-Pierre et de St-Paul, placées récemment.

Perinet-Parpaille, qu'on décapita le 9 septembre 1562, dans les dépendances du palais apostolique, fut nonobstant inhumé dans l'église St-Pierre, par considération pour sa famille, son père étant un des principaux donateurs de cette église.

Le tribunal, dit la *Cour de Saint-Pierre*, siégeait sur la place, dans le bâtiment faisant face au Nord.

TABLEAUX DE SAINT-PIERRE

Parrocel (Pierre). *Saint Antoine de Padoue sur un rocher.*

Parrocel (Pierre). *St-Antoine de Padoue mourant.*

Parrocel (Pierre).*St-Antoine de Padoue communiant les pestiférés.*

Mignard (Nicolas). *Ste-Barbe* et *Ste-Marguerite.*

Parrocel (Pierre). *St-Antoine de Padoue fuit un prince idolâtre qui, à genoux, lui tend les bras.*

Parrocel (Pierre). *St-André.*

Parrocel (Pierre). *St-Antoine de Padoue ressuscité un mort.*

Parrocel (Pierre). *St-Pierre.*

Parrocel (Pierre). *St-Antoine de Padoue à genoux devant la Vierge.*

Parrocel (Pierre). *St-Antoine de Padoue. La Vierge sur un nuage.*

Parrocel (Pierre). *St-Antoine de Padoue prêche au bord de la mer.*

Parrocel (Pierre), *St-Antoine de Padoue prêchant, montre le diable.*

Mignard (Nicolas). *Conception. Vierge debout sur un croissant.*

Mignard (Nicolas). *Sainte-Famille.*

Parrocel (Pierre). *St-Antoine de Padoue prie devant la Vierge.*

Parrocel Pierre. *St-Pierre.*

Simon de Châlons. *Adoration des Bergers.*

(HORS DÉPOT)

Parrocel Pierre. *St-François d'Assise.*

EGLISE SAINT-DIDIER

Sur une édification ruinée de l'évêque de Foulques, cette église fut reconstruite et agrandie, en 1358, aux dépens de l'hoierie d'un cardinal de *Deux* ou *Dencio.*

On y voit suspendue à 11 mètres, une chaire finement ciselée, dont on ne comprendrait pas la hauteur singulière si on ne savait qu'elle servait de station à un prélat qui venait là entendre la messe, au moyen d'une communication particulière avec son logis qui était voisin. C'était le cardinal de Blauzac, neveu du fondateur de *Dencio*.

Dans la première chapelle à droite, est un remarquable bas-relief, qui fut commandé en 1488 par le roi Renée d'Anjou. Il représente une scène de la Passion : *la rencontre de Jésus et de sa mère*. C'est un mémento curieux des costumes de cette époque (XVᵉ siècle, Saint-Didier le doit au couvent des Célestins, ainsi que son maître-autel.

A la Révolution, le curé constitutionnel de Saint-Didier, Meynet, usa de son influence pour approprier à son église ces deux dépouilles des Célestins ainsi que les reliques de Bénézet et de St-Pierre de Luxembourg. Celles-ci sauvegardées, dit-on, ont été, en 1854, restituées à la paroisse. Saint-Didier n'en reste pas moins, par suite, le sanctuaire particulier de St-Bénézet et de St-Pierre de Luxembourg.

A l'entrée de l'abside de l'église, sont nichées, à droite et à gauche, deux statues en pierre, qui viennent de la chartreuse de Villeneuve.

St-Didier possède le tombeau du graveur Balechou, et aussi le tombeau d'un bienfaiteur de la Ville, Antoine de Comis (1496). Celui-ci est en la chapelle de l'Ange-Gardien, et, dans le vide dudit tombeau, on a eu l'idée d'enchasser un confessionnal !

Un chanoine de cette église devint pape sous le nom d'Innocent IX (1591).

On n'a jamais entrepris de faire à cette jolie nef gothique, une façade digne d'elle. Son clocher est écrasé, mais il est remarqué pour son carillon de onze cloches en bon accord, qu'organisa son créateur *Fanot*, un type très curieux de campanomane. (Mort en 1892).

Après avoir servi pendant la Révolution pour des entrepôts divers, l'église fut rendue au culte le 4 juillet 1797. Simple succursale d'abord, elle n'a été érigée en cure qu'en 1825.

Au midi, une partie de la place St-Didier servait encore de cimetière au dernier siècle. Là aussi on dressait la potence pour l'exécution des criminels.

On y a érigé en 1894, le buste du Félibre Théodore Aubanel, qui aurait été mieux à sa place devant le grand portail de l'église, sur la rue Théodore-Aubanel, en face de la maison où naquit le poète (mort en 1887) (1).

---

(1) Le socle de la statue est agrémenté d'une provençale qui présente au poète une branche de laurier. On a prétendu que si Aubanel est en buste, la provençale paraît être en *pied-pied*, au singulier, car, à la rigueur on n'en voit pas deux Ce qui a fait qu'un beau matin on a trouvé, dit-on, suspendue au trophée, une béquille portant cette inscription, due à l'imagination d'un mauvais plaisant :

TABLEAUX DE SAINT-DIDIER

Simon de Châlons. *Descente du St-Esprit.*
Parrocel (Pierre). *Epiphanie.*
Sauvan. *Sainte-Famille.*

HORS DÉPÔT

Simon de Châlons. *Le couronnement d'épines.*
Sauvan (Philippe). *Présentation.*
Sauvan (Philippe). *Purification.*
Sauvan (Philippe). *Dévotion au Sacré-Cœur.*

ÉGLISE SAINT-SYMPHORIEN

On ne pense guère à l'instabilité des villes, à la mobilité des quartiers qui se transforment, des maisons qui sont comme emportées

Prenez pitié
d'une provençale de Paris
malheureuse solipède
que Dieu dans sa colère frappa d'infirmité
parce qu'elle inspira au poète bien-aimé
des vers profanes !

Profanes, je ne sais ; mais ceux qui les ont lu les disent magnifiques. Ils ajoutent que Th. Aubanel est le poète de la passion, de l'émotion et de la tendresse, et que, en outre, nul n'a peint comme lui la nature méridionale. Pour tous, ce fut un homme très sympathique, de mœurs simples, d'une modestie rare et très doué pour le sentiment de l'art sous toutes ses formes. il aurait réussi dans une quelconque de ses branches qu'il aurait abordée.

Ce qui est faux, c'est que notre provençale soit *solipède*. Si le critique y avait regardé de plus près, il aurait *compris*, sous la jupe, le·pied demandé. Tout au plus, aurait-il pu dire que ce pied pourrait être davantage indiqué par un pli de la robe. Du reste la béquille et l'inscription eurent, dit-on, peu de témoins : elles dis·parurent instantanément à la prime aurore.

par le vent, au grand ébahissement des gé=
nérations nouvelles. Voilà une Église-paroisse,
Saint-Symphorien, qui fonctionnait il y a un
siècle, et dont il ne reste pas l'apparence, ni
une pierre. Elle était sise entre les rues des
Encans et Banasterie, avait son porche au
n° 14 de cette dernière, sur la petite place où
vient déboucher la rue des Ciseaux-d'Or
(aujourd'hui Taulignan), au ci-devant Comp-
toir Eug. Cousin. Tout a été bouleversé par les
architectes : il ne reste du passé qu'une petite
tourelle hexagone dans un angle de la placette.

On a substitué sa dénomination, *Saint-
Symphorien*, à celle des *Grands-Carmes*.
— Ceux-ci, par parenthèse, s'étaient enrichis
de la dépouille des Templiers. — Leur église
s'écroula le 20 mai 1672 (P. Achard, Jules
Courtet), et on la rétablit avec toiture sur
charpente visible au plafond, telle que les
anciens de nous l'ont vue. Enfin, en 1836, la
Ville a fait remplacer les bois par une voûte
en briques simulant la pierre. — Dans la
chute de 1672, l'abside et la voûte des quatorze
chapelles latérales ayant résisté, on les voit
encore intactes avec leur caractère ogival, ce
qui contraste avec l'arceau d'entrée des dites
chapelles fait en plein ceintre par la réfection
postérieure à 1672. Il est bon d'expliquer
cette anomalie.

Quoique avec une seule nef, cette église est la plus vaste d'Avignon, mesurant 66 mètres sur 14. D'abord simple succursale. elle a été érigée en cure en 1825.

Dans le périmètre de la paroisse, à la jonction des rues Carreterie et Infirmières, se voyait la croix qu'on y éleva, ou plus tôt qu'on y restaura (G. Bayle) en 1419, pour la fin du grand schisme d'Occident. En 1792, elle disparut. Puis on l'a remplacée en 1807 par celle que l'on a appelée la Belle-Croix, appellation un peu exagérée.

*
* *

Non loin de là, la porte de l'auberge de la Croix-Blanche, rue Carreterie, 29, en gothique fleuri, était jadis l'entrée du couvent des Grands-Carmes, vaste bâtisse dont on a vu le développement à la chute des maisons nécessitée par l'agrandissement de la place des Carmes (1893).

Tout autres étaient les Carmes dits « déchaussés », occupant, rue Palapharnerie, l'emplacement actuel du Sacré-Cœur.

TABLEAUX DE SAINT-SYMPHORIEN

Parrocel (Pierre). *Sainte-Famille.*
Mignard (Nicolas). *Saint André portant sa croix.*
Mignard (Nicolas). *Saint Simon Stock.*
Mignard (Nicolas). *Saint Eloi.*
Parrocel (Pierre). *Annonciation*, d'après Laufranc.

Guillermin, d'Avignon. *Adoration des Mages.*
Sauvan (Philippe). *Saint-Symphorien.*

HORS DÉPÔT

Anonyme. *L'Enfant Jésus et les Anges.*
Anonyme. *Saint Charles-Borromée.*
Anonyme. *Saint François-Xavier.*
Anonyme. *Madeleine et le Jardinier*, vierge récente
(1887) en haut relief, sculptée par Favier.

ÉGLISE « LA PRINCIPALE »

LES PÉNITENTS BLANCS

La *Principale* est ainsi nommée du *prince*
Louis l'*aveugle*, empereur d'Arles, qui l'avait
d'abord fondée au commencement du Xe siècle.
Mais la chapelle que nous voyons ne vient
pas de cet empereur très éphémère, à qui son
vainqueur fit crever les yeux. Elle a été reconstruite au commencement du XVe siècle.

Vendue comme bien national en 1793,
l'église la *Principale* n'a été rendue que partiellement à sa destination première, lorsqu'elle fut réacquise au moyen d'une pension
viagère que paya la confrérie des Pénitents-
Blancs. Le vendeur se réserva les chapelles
existantes au-delà du collatéral du nord et le
dessus de la voûte de ce collatéral du nord.
Les chapelles de droite au-delà du collatéral
du midi ne furent pas restituées non plus.
Enfin le chœur tout entier, qui confinait à la

rue des Fourbisseurs, forme une maison particulière (Chaillot).

*
* *

Ce fut là une des sept paroisses d'Avignon. La sixième, *Saint-Genest*, est devenue la *Bourse* et la *Chambre de Commerce*.

La septième, *Sainte-Madeleine*, n'est plus, totalement dénaturée, qu'un immeuble d'appartements à louer, occupant toute la partie en pente de la rue Racine, les numéros 15, 16 et 17.

*
* *

L'église la *Principale* est dite couramment des *Pénitents-Blancs*, parce que la confrérie l'occupe depuis 1814 (1). Ce patronage l'a probablement favorisée pour la quantité et le choix des tableaux octroyés aux églises en 1817. Voici leur nomenclature :

TABLEAUX

DE LA CHAPELLE DES PENITENTS BLANCS

Parrocel (Pierre). *Pêche miraculeuse.*

Mignard (Pierre, fils de Nicolas). *Incrédulité de saint Thomas.*

Mignard (Pierre, fils de Nicolas). *Les disciples d'Emmaüs.*

---

(1) Avant la Révolution, la chapelle des *Pénitents-Blancs* était loin de là : elle avoisinait, à l'est de la rue actuelle de St-Thomas-d'Aquin, l'église des Dominicains avec la même orientation du midi au nord.

Mignard (Pierre, fils de Nicolas). *Saint Pierre recevant les clés.*

Mignard (Pierre, fils de Nicolas). *Noli me tangere.*

Parrocel (cousin de Pierre). *Saintes femmes au tombeau.*

Parrocel (Pierre). *Ascension.*

Parrocel (Pierre). *Résurrection.*

Mignard (Nicolas). *Saint Simon Stock.*

HORS DÉPÔT

Mignard (Pierre, fils de Nicolas). *Madeleine et le Jardinier.*

LES PÉNITENTS NOIRS

DE LA MISÉRICORDE

L'asile d'aliénés construit au bout de la rue Banasterie, en 1726, a été absorbé par les nouvelles prisons départementales, et les aliénés sont transférés à Montdevergues. Il ne nous en reste qu'une élégante chapelle décorée dans le genre italien, et une collection de tableaux de valeur, qui ont eu la chance de revoir leurs boiseries primitives, momentanément perdues.

TABLEAUX

DE LA CHAPELLE DES PÉNITENTS NOIRS

Raspay (Pierre). *Sainte-Trinité.*

Levieux. *Sainte Famille.*

Levieux. *Saint Guillaume.*

Riminaldi. *Saint Sébastien.*

Inconnu. *Hérodias,* d'après Rubens.

Mignard (Nicolas). *Sainte Madeleine*, d'après Le Guide.

Levieux. *Saint Jean*.

Inconnu. *Sacré-Cœur*.

Parrocel (Pierre). *Saint Antoine*, prêche à des idolâtres, vêtu de noir.

Mignard (Nicolas). *Saint Pierre*.

Levieux. *Baptême de Jésus-Christ*.

Mignard (Nicolas). *Assomption*.

Parrocel (Pierre). *Saint Antoine*, au cadavre de l'enfant.

Inconnu. *Baiser de Judas*.

Parrocel (Pierre). *Saint Roch et saint Sébastien*.

Mignard (Nicolas). *Visitation*.

Parrocel. *Ascension*.

Mignard (Nicolas). *Crucifix*.

Mignard (Nicolas), *Tête de saint Jean*.

Mignard (Nicolas). *Vierge souffrante*.

Inconnu. *Présentation*.

Inconnu. *La Sainte-Vierge et sainte Françoise*.

Inconnu. *Descente du Saint-Esprit*.

Parrocel (Pierre). *Descente de Croix*.

Parrocel (Pierre). *Assomption*.

Inconnu. *Sainte-Famille*. Attribué à Parrocel.

LES PÉNITENTS GRIS

L'église des *Pénitents Gris* n'est à remarquer que pour les incohérences de sa construction : on n'en dirait mot, si on n'avait à sigaler les tableaux qu'elle contient.

Cette chapelle est le siège de la confrérie de ces *pénitents gris* qui fut fondée en 1226 par le roi Louis VIII, à la suite du siége d'Avignon et de la prise de cette ville par les croisés. Les Avignonais défendaient la cause de leur ancien prince, le comte de Toulouse, et celui de la civilisation méridionale. Ils furent écrasés par les hommes du nord, après avoir soutenu un siège de trois mois. La ville fut prise le 12 septembre 1226 ; mais la victoire fut peu glorieuse pour le roi, car elle était due à la trahison. (Joudou, *Histoire d'Avignon*).

Malgré les conditions morales de la reddition, la ville fut obligée de livrer 300 ôtages ; les routiers français et flamands au service de la commune furent mis à mort (Henri Martin) ; la ville fut démantelée, ce qui fit la destruction de la troisième enceinte, ci-devant signalée, page 10. La conduite du roi, dans ces conjonctures, justifie l'accusation de cet historien d'avoir abandonné la trace de Philippe-Auguste, pour reprendre celle des anciens rois barbares.

La chapelle des *Pénitents-Gris*, dans sa partie la plus ancienne, accuse la date du XIVe siècle par son ogive à nervures. Elle a été agrandie en 1590, et une nouvelle nef, à son tour divergente comme les autres, a été construite en 1818.

TABLEAUX DES PÉNITENTS-GRIS

Parrocel (Pierre). *Saint Véran.*
Parrocel (Pierre). *Saint Hyacinthe.*
Parrocel (Pierre). *Sainte Claire.*
Parrocel (Pierre). *Saint Roch.*
Mignard (un aïeul de). *Sainte Praxéde.*
Mignard (Nicolas). *Vierge.*
Mignard (Nicolas). *Saint Benoît.*
Mignard (Nicolas). *Visitation.*
Mignard (Nicolas). *Saint Ignace.*
Parrocel (Pierre). *Saint Geniez.*
Inconnu. *Présentation au Temple.*

HORS DÉPÔT

Simon de Châlons. *Panneau de la conversion de saint Paul.*

*
* *

Pour clore le chapitre des *Pénitents*, disons qu'il y avait à Avignon des pénitents de toutes les couleurs. Nous venons de voir les *blancs*, les *gris*, les *noirs de la miséricorde*. Il y avait eu d'autres *noirs* sans épithète, dès longtemps oubliés. Il y a eu les *rouges*, fondés rue Carreterie en 1700 ; les *bleus* dès 1436, qui eurent plus tard leur chapelle rue des Infirmières ; enfin les *violets* qui naquirent d'un schisme avec les *bleus* (1662). La chapelle de ces derniers fut un édicule que nous avons vu, très conservé, servir de simple entrepôt, et aujourd'hui à d'autres usages trop instables pour être mentionnés, sis à l'angle des rues Lafare et Grand-Paradis.

L'ORATOIRE

Les *Oratoriens* s'établirent à Avignon en 1646. On leur confia le séminaire, qui fut nombreux, et occupa les locaux qui sont affectés depuis 1859 au génie militaire. Mais lorsque, en 1705, s'ouvrit le séminaire *Saint-Charles*, les élèves y affluèrent, et quittèrent l'*Oratoire* suspecté de Jansénisme.

Néanmoins, on se mit à construire la chapelle, mais lentement, car, commencée en 1713, elle ne fut finie qu'en 1741. Au spirituel, il y eut des difficultés, et elle ne fut bénite qu'en 1750, à grand peine.

En juillet 1793, le général Carteaux y installa son imprimerie de camp.

Comme on se plaît quelquefois à louer cet édifice, en son plan elliptique, on hésite à dire cela très lourd et massif, en somme d'assez mauvais goût.

Il y a, comme tableau, une *Adoration des Bergers*, de Mignard (Nicolas).

La chapelle dépend de St-Agricol.

LE TEMPLE ISRAÉLITE

La place Jérusalem fut le centre de la *carrière* d'Avignon : on appelait de ce nom le quartier réservé aux Juifs. Ils s'y retiraient la nuit et on en fermait les issues chaque soir, selon la rigueur de temps qui, heureusement, ne sont plus. Cette place, mise en communi-cation avec la rue des Marchands et sillonnée par les tramways électriques, a perdu par là même, les apparences de son ancien carac-tère.

Il y avait à Avignon une synagogue fort ancienne et riche en objets d'art. Elle devint la proie des flammes en 1845. On a construit à sa place une rotonde convenable pour les besoins du culte (1846).

LE TEMPLE PROTESTANT
(SAINT-MARTIAL)

. La dénomination ci-haut de *Saint-Martial* est historique et point théologique, les pro-testants n'admettant pas le culte des saints. Ce temple rouvert récemment à la religion (1883), est bien l'oratoire le plus gracieux et le plus coquet de la ville d'Avignon, avec son hardi campanile, ses hautes fenêtres ogivales sa fleur de lis sans fin, sa voûte élancée, le tout de gothique flamboyant. Ses dimensions paraissent encore correctes, quoique réduites de la construction primitive.

LES ÉPISODES ET FLUCTUATIONS

DE SAINT-MARTIAL

I

Côte-à-côte du temple protestant est actuellement l'Hôtel des Postes et Télégraphes aménagé en 1898, inauguré le 20 mars 1899 et livré au service.

Ce coin de terre a une histoire qu'il est intéressant de connaître. En outre, il y avait là de nos jours, des installations scientifiques qui ont dû céder la place à un autre service public.

Dans notre rédaction première, considérant les choses dans leur état d'alors, nous avions dit quelques mots de l'histoire Saint-Martial, de ses collections, et de leur principal fondateur Esprit Requien. Aujourd'hui, nous croyons convenable de conserver dans notre travail, les notes à ce relatives, et de consigner ici ce que nous en disions, bien que sous cette rubrique de Saint-Martial, lesdites notes fussent quelque peu désormais, un hors-d'œuvre, nous croyons bon de les conserver et elles n'ont d'autre place que celle-ci.

II

LES ANTÉCÉDENTS

L'édifice consacré de nos jours, au culte protestant est le seul reste conservé, avec sa religieuse destination, d'une église à trois nefs dont il était l'abside et dont la serre florale du jardin contigu était précédemment la nef méridionale.

Mais il faut savoir que avant la fondation de cette église, il avait été bâti là un hôtel qui était pour lors hors de l'enceinte d'Avignon, bornée à ce point par ce qui s'est appelé plus tard la rue Calade. L'édifice en question devint sitôt après, le palais du roi de Majorque Jacques d'Aragon, troisième mari de Jeanne (1).

Ce prince en fit la vente à Audouin de la Roche, abbé de Cluny pour le profit des Bénédictins, et au prix de 15 mille florins, avec les jardins attenants, savoir : d'une part, de notre rue des Vieilles-Études aux Corps-Saints, et d'autre part, de la rue dite de la Colombe au Midi, à la rue Calade au Nord.

Ensuite Jacques de Causans, successeur

______

(1) La reine Jeanne, soit dit en passant, n'a jamais habité la grande maison des rues St-Étienne et Grande-Fusterie, que lui attribue la tradition. Cette maison fut *livrée* de cardinal sous les papes. A la fin du XVe siècle un riche banquier italien, Marc de Forli, la reconstruisit entre les rues Fusterie et St-Étienne. Or, cette dernière s'est appelée longtemps la *Fusterie Méjane* (médiane), et l'hôtel de Forli, *la maison de la rue Méjane* ; d'où par corruption : *Maison de la reine Jeanne*. (Gustave Bayle).

La maison de la reine Jeanne fut proprement le *Palais Royal*, à la Vice-Gérence : elle l'habita même après avoir vendu Avignon à Clément VI (Gustave Bayle).

d'Audouin, à ce autorisé par le Pape d'Avignon Clément VII, en 1379, y fonda le monastère — collège de St-Martial, d'où ce nom venu jusqu'à nous. (1).

Alors furent bâtis l'église et son élégant campanile, aujourd'hui défiguré par des appareils télégraphiques.

L'église fut agrandie en 1846. Mais de ces constructions des XIVe et XVe siècles, il ne restait plus en ces derniers temps que les parties ci-devant décrites : les trois nefs de l'église avaient été perdues dans les modernes affectations à d'autres usages, la façade relativement récente, étant seule conservée.

----

(1) Il y eut, d'autre part, le collège des *Bénédictins* de Sénanque, qui fut fondé en 1491, rue Petite-Fusterie. n° 9, traversant et occupant rue Calade, n° 19. C'est peu de largeur et beaucoup de profondeur. On voit avec plaisir, Petite-Fusterie, n° 9. la petite chapelle intacte, voûte ogivale à nervures, longueur 13 mètres, largeur, 5 mètres en trois travées La chapelle fut finie en 1537. selon une inscription lapidaire qui y est conservée. C'est aujourd'hui un magasin de denrées coloniales.

Le collège de Sénanque, d'après les pièces officielles, fut vendu le 11 mars 1795. au prix de 20 000 livres, à Jean Fouquet. d'Avignon. Enfin, le 19 mars 1795, une autre toute petite maison voisine, appartenant au même ordre, fut vendue au prix de 1 200 livres (le tout sous le régime des *assignats*), c'est-à-dire à vil prix.

III

LE PREMIER MUSÉE D'AVIGNON

A SAINT-MARTIAL

*Ses collections d'histoire naturelle. — Esprit Requien.
Le square.*

Pendant trente ans, de 1805 à 1835, le musée général d'Avignon a été installé dans les locaux de Saint-Martial, avec ses tableaux et objets d'art, et il y est resté jusqu'au transfert de la bibliothèque publique et des tableaux à l'Hôtel de Villeneuve, en 1835, où ils sont maintenant.

A Saint-Martial, on installa en outre en 1840, le musée d'histoire naturelle qui y était resté jusqu'à nos jours. Il sera désormais réuni au grand musée, où les locaux sont en ce moment préparés, et il y sera très convenablement.

Il fut établi à l'origine avec les dons d'Esprit Calvet, et par les soins d'Esprit Requien avec ses échantillons de la Flore, de la Faune et des fossiles du département, plus son riche herbier, un des plus considérés de France.

Esprit Requien naquit à Avignon en 1788 ; il est mort à Bonifacio (Corse) le 1er juin 1851, dans sa dernière excursion scientifique.

L'île de Corse, qu'il avait fort explorée, avait particulièrement enrichi ses collections botaniques.

M. Requien ne fut pas seulement un naturaliste. L'archéologie, la numismatique, la bibliographie n'eurent pas de secrets qu'il ne cherch a à pénétrer. Ses vastes connaissances l'avaient mis en rapport avec une grande partie des savants de l'Europe, et même des princes souverains.

Il contribua largement de son travail et de ses conseils à l'organisation de nos Musées, leur donna tout, ses livres et ses collections : il se dévoua à sa ville natale.

En outre, il fut bienveillant pour les jeunes : il me plaît de me souvenir que je fus personnellement encouragé par lui dans mes premiers essais.

IV

M. Requien avait créé à Saint-Martial un *Jardin botanique*. Il a été remplacé de nos jours par un autre jardin qui n'a plus de caractère scientifique, un square établi en 1872, et fort agrandi récemment Les arceaux gothiques qu'on y voit isolés sont des restes de l'ancien cloître.

Touchant l'église Saint-Martial et au midi, étaient les bâtisses de l'école normale d'insti- tuteurs, où elle stationna de 1837 à 1879 ;

elles ont été rasées lors de la création du square. Primitivement et à sa fondation au 1er novembre 1832, cette école fut établie rue Dorée ; elle y a séjourné jusqu'à son tronsfert à Saint-Martial en 1837.

On a décoré le square du groupe des *Lutteurs* de Charpentier, et de quelques statues des *Muses*, provenant d'une ci-devant façade du théâtre bâti en 1826, et incendié en 1846. Tout ce qu'on peut dire à la louange de ces dernières, c'est qu'elles occupent de la place.

On y a érigé en 1894 le buste du félibre Roumanille, mort en 1891, et buste beaucoup trop modeste du savant Requien.

*
* *

La grande porte d'entrée de Saint-Martial, dans la rue Joseph-Vernet, est du XVIIe siècle, et la colonnade de pilastres avec chapiteaux ioniques est du XVIIIe.

Cette façade, qui était rectiligne jusqu'à la rue des Vieilles-Études, a été, par son milieu, détournée en retour d'équerre, lors de la création du cours voisin, et alignée pour une moitié dans la direction du cours. L'exhaussement du sol, pratiqué à cette occasion, a nécessité l'exhaussement de la colonnade, et on a repris cette façade pierre à pierre pour changer leur altitude. On comprend ainsi comment il se fait que sa corniche ne fasse pas suite, comme elle devrait le faire, à la même corniche existante à la porte d'entrée, qui, elle, n'a pas eu de surhaussement (1).

Voilà les souvenirs de Saint-Martial, que nous avons tenu à consigner ici, de la manière sommaire que comporte le caractère de notre travail. D'un passé relativement glorieux, il nous reste, pour les intérêts religieux : une abside ; pour les intérêts scientifiques : néant.

Saint-Martial a eu assez d'importance pour fournir matière à un volume in-8°, de 350 pages, publié en 1893. Le *Monastère-Collège de Saint-Martial d'Avignon*, par l'abbé Clément, aumônier du Lycée (Fr. Seguin).

LE SÉMINAIRE SAINT-CHARLES

Ce séminaire, bien construit, avec son élégante chapelle, ses vastes cours et jardins, a passé pour un des plus beaux de France. Il fut bâti en 1690, et affilié en 1705 à celui de St-Sulpice de Paris. La chapelle, dont le

------

(1) L'installation des Postes et Télégraphes ayant demandé un agrandissement, on l'a obtenu en empruntant au midi et en prolongeant la face occidentale.

Dans cette transformation, on n'a pas touché à la grande porte d'entrée, et à l'abside de l'ancienne église (aujourd'hui temple protestant) qui sont classés parmi les monuments historiques, et, comme tels, intangibles.

sanctuaire est dallé en marbre blanc, est de 1753-1758.

Après 1792, les bâtiments furent affectés à des services militaires, à des casernes d'abord, puis au logement des Invalides. Ils ont été rendus à leur destination première en 1824.

TABLEAUX DU SÉMINAIRE SAINT-CHARLES
Dans la Chapelle et les dépendances

Vien. *Circoncision.*
Mignard (Nicolas). *Assomption.*
Sauvan (Philippe). *St-Ignace de Loyola.*

HORS DÉPOT

Simon de Châlons. *Jésus enfant.*

LE LYCÉE

Ce vaste immeuble, depuis bientôt six siècles, n'a changé que deux fois de propriétaire, savoir : en 1378 et en 1568, et depuis trois siècles, il conserve toujours sa même destination scolaire.

Il avait été, en 1316, la *livrée* du cardinal de la Motte, neveu du pape Clément V, alors défunt, et l'on appelle encore du nom de cardinal, la grande tour qui tient une si vaste place au-dessus des cuisines du Lycée, dans la rue Prévôt. En 1378, ce palais passa aux mains du cardinal de Brancas, dont les héritiers le louèrent en 1564, puis en 1568 le vendirent à la Ville d'Avignon qui y fonda un

collège et le confia aux Pères de la Compa·
gnie de Jésus. C'est ce qu'on appela le *Grand
Collège.*

Les Jésuites élevèrent le corps de bâtiment
au sud de la rue, où est la grande cour, et
ils eurent d'abord là, leur noviciat. Le Grand
Collège eut promptement de 1.000 à 2.000
élèves, et il ne tomba jamais au-dessous de
800 à 900. Mais quand les Bénédictins les
remplacèrent à l'expulsion de la Compagnie,
en 1768, ce nombre descendit à 69, Les doc-
trinaires, qui vinrent ensuite, le remontèrent
à 300.

Les Pères avaient jeté, en 1674, le grand
arceau qui unit les deux parties du Collège,
et la Ville leur avait compté pour cela 1500
écus (1), une communication sous rue a été
pratiquée en 1844. La chapelle bâtie par les
Pères, avec ce caractère d'architecture qui
leur est particulier, est de 1605-1655 ; on y
travailla quarante ans.

Pendant la Révolution et les premiers
temps de l'Empire, les locaux furent affectés
à leur tour à des services militaires. Ils sont
rendus à leur destination scolaire depuis le
17 janvier 1810.

---

(1) Soit 4,500 livres La dépense effective, soldée par
la Compagnie, s'éleva à 8.202 livres 12 sols.

On dit qu'on voit encore, dans la Tour de la Motte, des projections uranographiques du Père Kircher (1632-1633), et que le Père Bonfa (né à Nimes 1638, décédé 1724), auteur de la grande *Carte du Comtat-Venaissin*, y fonda le premier Observatoire de France (vers 1680).

TABLEAUX DE LA CHAPELLE DU LYCÉE

Mignard (Nicolas). *Visitation.*
Mignard (Nicolas). *Saint-Pierre-de-Luxembourg.*

L'HOPITAL SAINTE-MARTHE

Cet établissement, fondé en 1354 par Bernard de Rascas, n'était pas fini dix ans après.

Mais personne ne se figurera qu'il fut alors tel qu'on le voit de nos jours. Sa façade actuelle, qui a 175 mètres de longueur, fut commencée en 1668 par Pierre Mignard, d'après les dessins de Mansard ; elle n'a été finie qu'en 1747. La salle de l'ancien bureau est de 1748. Nouveau Bureau construit récemment (1895), près de la grille d'accès.

Les religieuses hospitalières de St-Joseph y furent appelées de Nîmes en 1671. Puis, après l'interruption de la Révolution, elles y furent réinstallées en 1804. Elles ont occupé le poste depuis lors, sauf une éclipse de 1845 à 1849. Leur chapelle est de 1755 (commencée en 1751). Elle possède, provenant du Musée, un

TABLEAU

Mignard (Nicolas). *Saint Joseph.*

L'HOSPICE SAINT-LOUIS
AUMÔNE GÉNÉRALE

Saint-Louis fut, dès 1589, un noviciat des Jésuites. Après le départ de la Compagnie, et en 1769, les Dominicaines de Sainte-Praxède, l'achetèrent ; puis elles furent sécularisées en septembre 1792. A pertir de 1801, Saint-Louis fut, avec son magnifique parc aujourd'hui détruit, une succursale des Invalides de Paris, et cela jusqu'en 1850. En 1852-53, on y a établi l'hospice des vieillards indigents, et le dépôt des Enfants Assistés.

Nous faisons suivre quelques notes extraites d'une brochure anonyme imprimée en 1854 sous le titre : *Aperçu historique sur les bâtiments de l'ancienne succursale de l'hôtel de Invalides d'Avignon.*

« Le noviciat des Jésuites d'Avignon fut fondé en 1571, dans les bâtiments du Grand-Collège, et transféré en 1589, dans une maison achetée à Mme de Panisse, entre les Célestins et les près de l'*Observance*, et soldée par Mme d'Ancezune, fondatrice de cette maison. La chapelle fut commencée en 1601 et finie en 1620. On la consacra sous le vocable p⁰ St-Louis qui est resté. Cette église fut faite sur le plan de celle de St-André au Quirinal. Le cloître est de 1664.

« Saint-Louis fut exproprié en 1758, et le 25 juillet
les Jésuites partirent. Le 29 juillet 1769, les religieuses
de Sainte-Praxède soumissionnèrent la vente aux enchè-
res du principal corps de bâtiment ; elles en furent ad-
judicataires au prix de 83.000 livres. Des parties déta-
chées furent acquises par M. de Caumont pour 4.000
livres, et par M. de Gadagne, pour 2.400 livres.

« Les religieuses vendirent à divers leur couvent de
la rue Ste-Praxède, firent des réparations à St-Louis, et
en furent dépossédées en 1792. »

TABLEAUX DE SAINT-LOUIS

Sauvan (Philippe), *Saint Louis*.

HORS DÉPÔT

Parrocel (Pierre), *Saint Antoine de Padoue*.
Parrocel (Pierre), *Saint François-d'Assise*.

* *

Cet hospice Saint-Louis a remplacé l'ancienne *Aumône Générale* de la rue des
Lices, fondée en 1541.

Nous disions dans notre *Coup d'œil sur
l'assistance*, publié en 1889, d'après les documents de M. Achard :

« De 1758 à 1763, la population de l'*Aumône*, rue des Lices, fut de cinq à six cents,
non compris 150 enfants ou apprentis au
dehors. En 1785, le chiffre descendit à 450, et
à 350 l'an III de la République (1794-1795). »

« De 1749 à 1763, nous voyons que la
nourriture des pauvres y était, par jour de :
une livre et demie de pain blanc, une chopine
de vin, un potage, de la viande quatre jours

de la semaine, et les autres jours fromage, légumes et fruits. Le prix moyen d'une journée d'indigent ne dépassait pas cinq sous. »

La loi du 16 vendémiaire an V (18 octobre 1796) réunit Sainte-Marthe et l'Aumône sous la même administration. Mais les vieillards restèrent encore à l'aumône, et cela jusqu'à 1846, date où ils passèrent de fait à Sainte-Marthe, puis de là à Saint-Louis, où ils allèrent le 14 décembre 1852.

A partir de 1846, les bâtiments de l'Aumône sont devenus la *Caserne communale des passagers*, puis autre logement militaire. Enfin, on a fait disparaître de ce lieu les basses-œuvres qui longeaient la rue, les remplaçant par une belle grille métallique, ce qui a découvert avantageusement les arcades intérieures. En 1898, on a dédoublé l'aile occidentale pour manque de solidité. Dans l'aile droite du bâtiment est l'*Ecole des Beaux-Arts*.

L'HOSPICE SIXTE-ISNARD

Fondé par le testament de François-Balthazard Sixte-Isnard du 18 août 1845, cet hospice est ouvert à cent pensionnaires indigents, ayant travaillé dans les soies ou la garance, et aux négociants ruinés ou commis malheureux : il est en fonction depuis le

1er janvier 1853. Architecte : Jules Duchesne. Même administration que Sainte-Marthe et Saint-Louis.

Né au modeste domicile paternel, rue Bertrand (1) n° 1, Sixte-Isnard mourut en son hôtel de la rue Banasterie n° 13, qu'avait bâti Madon de Chateaublanc vers l'an 1700 : preuve que la fortune n'avait pas trahi ses facultés de travail et d'épargne.

Il est mort à 52 ans, le 19 août 1845. Un buste a été érigé en son honneur, le 5 janvier 1896, dans la cour d'accès de l'hospice.

Ceux qui visitent le cimetière Saint-Véran saluent en passant la chapelle funéraire de cet homme de bien, sise à l'Est, au fond de l'allée principale et faisant face à l'entrée du cimetière : elle est tout à côté de l'ouverture pratiquée en 1894 pour l'extension du cimetière à l'Est.

------

(1) Ce fait d'opinion courante est justifié par un document précieux, le n° 1681 des Manuscrits de notre Bibliothèque Calvet : *Les habitants d'Avignon en '795* (Sixte-Isnard étant né en 1793). La numération des rues se comptait par *Isles ;* l'île 83 partait des *Pénitents-Noirs* avec son n° 1 et remontait la *Banasterie* jusqu'à la rue *Bertrand,* où elle décrivait un retour en équerre. Les n°s 14, 15 *Banasterie* et le retour *Bertrand* n° 1 attribués par le document à *Isnard aîné,* pour ces trois numéros faisant corps. Plus loin, dans la rue Bertrand, immédiatement après le cul-de-sac, est inscrite au n° 31 la *remise d'Isnard.*

L'HOPITAL SAINT-ROCH

CASERNE DE CAVALERIE

C'est ici un coup d'œil rétrospectif. Avignon étant souvent visitée par les pestes et épidémies, ce qu'elle devait à l'incurie du temps et au voisinage de Marseille, besoin fut d'un hôpital particulier pour les maladies contagieuses, et on l'établit à Champfleuri, qui changea alors de nom, et on en fit la dédicace spéciale à un saint très autorisé.

De nos jours, ledit hôpital a cédé la place à la *caserne de cavalerie*. Le; deux ailes supplémentaires qui ont été requises pour ce service sont de 1833. Le corps du fond seul appartenait à l'hôpital.

LES PESTES D'AVIGNON

1348   25 à 30.000 décès. Chiffre incertain.
1361   Décès : 17.000.
1374   Chiffre inconnu.
1388   Chiffre inconnu.
1397   Chiffre inconnu.
1520-1521   Décès : 4.400.
1557   Chiffre inconnu.
1580   Chiffre inconnu.
1629   Décès : 2.835 en neuf jours.
1721-1722   Décès : 6.064.

L'HÔSPICE D'ALIÉNÉS

DE MONTDEVERGUES

En 1481, on enferma les aliénés dans la tour de l'*Officialité*, aujourd'hui comprise dans les bâtiments de l'*hôtel du Luxembourg* ; ce fait prouve que peu de malades étaient recueillis et que ce service était à l'état rudimentaire.

Cela dura longtemps. En 1726, ces malheureux furent transférés dans les constructions des *Pénitents noirs de la Miséricorde*, au bout de la rue Banasterie. Enfin, en 1862 on les a hébergés et scientifiquement traités, en vue de guérison, dans le vaste établissement de *Montdevergues*, adossé au mont *Lavenicus*, près de Montfavet, dans la commune et à six kilomètre d'Avignon.

Il y avait là, au XIIIe siècle, un couvent de Dames de *Sainte-Catherine*, qui, en 1254, furent déplacées, et pour leur sûreté, en ce temps de troubles, furent installées *intra-muros* dans la rue qu'on a appelée de leur nom, et elles laissèrent à leur ansien asile sa dénomination de *Mons Virginum*, le mont des Vierges, d'où est venu par corruption *Montdevergues*.

L'asile d'aliénés de Montdevergues est devenu très important. L'exercice de 1895 accuse une population de 1.435 malades (1.219 indigents, 216 pensionnaires).

LE BUREAU DE BIENFAISANCE

Dans la rue Sainte Catherine, le Bureau de Bienfaisance occupe, depuis 1822, l'ancien hôtel des ducs de Blacas-d'Aups. L'hôtel qui l'avoisine (de Speyr) eut pour hôte, en 1754, la margrave de Bareith, sœur du grand Frédcric de Prusse, connue par ses relations avec Voltaire.

LE ROCHER DES DOMS

Quelques pages sur l'histoire et sur les installations du Rocher ne seront pas sans intérêt.

Sur ce point inexpugnable se fonda l'*Oppidum* gallo-romain.

Au XIIe siècle, sous la république avignonaise, le fort communal de Saint-Martin s'y éleva à l'extrémité nord, comme on le voit sur le plan d'Avignon de 1572, dont il a été conservé heureusement plusieurs exemplaires. Le fort Saint-Martin sauta le 29 août 1650 à dix heures du soir, la foudre ayant mis le feu aux quatre cents quintaux de poudre qu'il contenait. La commotion fut telle que le fort s'en trouva rasé jusqu'aux fondements.

L'aspect de ces lieux charmants n'a pas

toujours été tel qu'il est aujourd'hui. On voit de nos jours, au nord du petit bassin aérien, ceint de pittoresques rocailles, et à l'est du nouveau bassin complémentaire, une large cuvette verdie par *les pins* et dominée par un méridien monté sur un dé en stylobate. Ce bois mystérieux, appelé *le trou des masques*, propre à des rendez-vous suspects, est longé au nord par un espace à découvert, que limite du côté du fleuve un long mur de soutènement, auquel s'adosse un escalier qui descend au Rhône.

Or, le mur de soutènement, au moyen duquel le terre-plein s'est constitué, n'existait pas jadis ; il n'a été élevé qu'en 1713. Antérieurement, le Rocher supérieur suivait son développement à l'Est sans solution de continuité, à peine avec modification du niveau ; il creusait une courbe, pour former comme une petite crique, visitée probablement par le fleuve dans les grosses eaux, et pour aller finalement rallier la pointe rocheuse où venait s'amorcer et finir le rempart d'Urbain V. S'il n'en avait pas été ainsi, ce pape aurait continué son rempart pour couvrir ce point comme tout le reste, et il ne se serait pas arrêté là où il s'arrêta.

Sur toute la courbe, nulle végétation, mais la masse rocheuse du terrain néocomien, qui constitue le bloc sur lequel le rocher des Doms et le mont Ventoux ont assis leurs couches profondes. Ce roc de la courbe. sous des formes abruptes dont nous ne voyons pas le dessin, descendait jusqu'au bord du fleuve par une pente très rapide, sur un plan se rapprochant de la verticale. De cette façon, l'obstacle était infranchissable et la défense était garantie.

En outre, il y avait au faîte de ce dit rocher, le fort Saint-Martin, qui complétait la défense. Si l'on veut toucher avec la main l'un des points qu'il occupait, allons à l'extrême bord nord de l'esplanade, jusqu'aux barreaux de fer qui empêchent la chute dans le vide. Là, si on prend l'escalier qui mène au Rhône, dès les premières marches, tendant la main droite au sud, on touchera, non pas le mur du fort Saint-Martin, puisque tout a sauté dans la nuit du 29 août 1650, mais la place probable que l'un de ses murs occupait.

Le P. Justin dit dans son *Histoire des Guerres de religion*, que, dans sa période d'occupation d'Avignon et du Comtat (1561 à 1564), le général Serbelloni, chargé de défendre cette contrée contre les Calvinistes, avait sur le flanc même de ce roc fait tailler à ses frais un escalier, le jugeant là plus utile que l'escalier de Sainte-Anne, pour les communications militaires entre le haut plateau et les soldats circulant sur les remparts auxquels l'escalier accédait.

Pour protéger cette voie de communication, le général fit édifier une tour dont on voit un débris en des créneaux en ruines, à proximité du rempart où l'œuvre d'Urbain V venait se souder au Rocher-des-Doms. On voit cette ruine en face de l'aval du débarcadère des bateaux à vapeur, en regardant du quai.

Il résulte de l'emplacement de la tour et des restes de l'escalier que ce travail de Serbelloni se développait, non du côté du *Trou des masques*, mais sur le revers oriental du soulèvement géologique, ayant vue *intra muros*. C'est par là du reste, et par là seulement, qu'il pouvait faire sa jonction avec le rempart.

★

Ces faits de guerre civile ne sont plus de notre temps ; plus rien de tel n'est à craindre : lorsque la paix durable est devenue notre état normal, on a négligé des périls qui avaient cessé d'exister. D'où le mur de soutènement de 1713 qui a retenu les terres et par suite le terre-plein s'est formé, et ce qui n'était qu'un roc est devenu un jardin, par les soins des édilltés avignonaises.

Quelques survivants se souviennent d'avoir

vu sur le sommet du Rocher, sinon les moulins à vent, du moins les constructions arrondies où ils avaient été aménagés. Le P. Justin dit que ces moulins furent établis par le général Serbellini en 1562. En effet, ils figurent sur le plan d'Avignon publié peu après, en 1572.

La promenade du Rocher est éclairée au gaz.

* *

Fixons pour l'histoire qu'un télégraphe aérien grimaçait encore sur le Rocher en 1853, sur l'extrémité nord-ouest.

La première installation de la télégraphie électrique et son fonctionnement, à Avignon, rue du Four, 4, (hôtel de Speyr), se rapporte au 1er novembre 1853. Alors fut démolie la station qui avait abrité l'antique télégraphe sur le Rocher.

La statue de Jean Althen, élevée au rond-point du nord par LES VAUCLUSIENS RECONNAISSANTS, est de 1847. Le bronze est des frères Brian (Louis et Joseph). La *garance* qu'importa Althen ne profita plus ; mais elle a, en son temps, enrichi le pays, et la reconnaissance reste comme témoin du passé.

L'établissement des rampes au-dessus du niveau du Calvaire, pour faciliter l'accès de la partie haute, eut un commencement d'exécution en 1841. Mais ce travail ne fut définitivement poussé que plus tard : on le reprit en 1848, sur nouveaux plans, et on le termina en 1849 par le nivellement de la plate-forme.

Les plantations de ce qui est devenu un merveilleux jardin aérien sont de 1862 à 1864.

Le petit bassin pour la distribution des eaux, enfermé dans la rocaille et ceint de verdure, est destiné à desservir d'eau quelques parties hautes de la ville. Il fut bâti en 1863-1864.

Le grand bassin, vers le séminaire, est de 1864-1865.

La rocaille qui enveloppe et couronne le petit bassin s'est faite en 1865. Il y là un *belvedère* dissiminant un des horizons les plus splendides qu'on puisse contempler.

Un bassin supplémentaire, nécessité par les besoins grandissants, réclamés aussi par certains points élevés de la ville, a été construit en 1898 sur la partie haute, et au nord-ouest du susdit petit bassin inclus dans l'élégante rocaille au belvedère aérien.

Ces trois bassins, le grand, le petit et le supplémentaire constituent le *Château d'eau* qui dessert nos fontaines ménagères. Ils sont eux-mêmes alimentés par les pompes de l'usine de Monclar.

Cette installation des eaux, embrassant la création de l'usine de Monclar, le grand et le petit bassin, ou le *Château d'eau* du Rocher, plus le grand tuyau d'adduction et les tuyaux de distribution en ville, sont des années 1863 à 1869. La concession de l'entreprise est du 31 octobre 1863. Le bassin supplémentaire est de 1896..

Cette entreprise fut exécutée par une Compagnie, dont la Ville a acheté les droits en 1876 (1).

***

Un café et ses environs ont pris la place d'un ancien cimetière.

Nous répétons, pour compléter cette vue à vol d'oiseau, que l'Histoire signale des réparations faites à l'*Escalier de Sainte-Anne* en 1491, 1698 et 1743. Mais il ne faut pas oublier qu'un escalier existait là déjà sous Jean XXII, puisque ce pape le mentionne dans une Bulle de décembre 1318.

On sait, d'ailleurs, que le grand mur de soutènement au nord, est de 1713. L'escalier

---

(1) Toutes nos dates sur les travaux du Rocher, sur les travaux neufs des remparts et quelques autres en ville, nous les devons à l'obligeance de M. Riéti, qui fut longtemps chef des services, et qui a passé sa vie dans les travaux de la commune. M. Riéti est aujourd'hui défunt, et les renseignements que nous avons de lui, nous seraient difficiles à recueillir. Merci à sa mémoire !

y adossé, pour descendre au Rhône, fut fait par l'architecte Joffroy en 1848-1849. Il est clos par une porte grillée qui se ferme chaque soir.

LES COUVENTS

L'article sur les couvents est écrit antérieurement à la loi du 1ᵉʳ juillet 1901 : il constitue de l'histoire et une législation subséquente ne change rien à l'histoire. Nous conservons l'article tel qu'il était la veille du vote de la loi fixant une date précise à l'ordre de choses nouveau qui interviendra, et qui n'entrera dans le cadre de l'historien que le lendemain.

Nous alignons sous cette rubrique des groupes qui sont les uns pleins de vie, les autres ensevelis dans l'histoire, et nous les considérons, non pas au point de vue religieux, mais au point de vue du touriste ou de l'habitant qui en rencontre sur ses pas, soit les monuments, soit les ruines. Les promeneurs sont des investigateurs, du moins ceux qui pensent ; ils veulent savoir des constructions le pourquoi et le comment, en avoir tout au moins une notion première.

Dans les notices qui précèdent, nous avons dit suffisamment pour les lecteurs peu exigents sur : les Dames de Saint Laurent, les Dames de Sainte-Catherine, les Dominicaines de Sainte-Praxède, les Hospitalières, les Grands Carmes et les Carmes Déchaux, les Bénédictins de Saint-Martial et ceux de Sénanque, Messieurs de Sainte-Garde, de l'Oratoire, de Saint-Sulpice, de la Compagnie de Jésus, les Pénitents de toutes les couleurs. Il nous reste à compléter ce tableau.

Dans cette revue, nous signalons seulement celles de ces maisons conventuelles qui attirent l'attention de l'homme du monde par une manifestation de l'art à l'extérieur.

****

Le SAINT-SACREMENT s'abrite aujourd'hui auprès d'une élégante chapelle de 1632, et dans des constructions faites pour d'autres destinataires. On les dut à Marius Philonardi, archevêque d'Avignon et vice-légat, qui fut le parrain de la rue Philonarde, appelée jusqu'alors la *courréterie des chevaux*, c'est-à-dire, la rue des *corroyeurs*. Ici nous ne considérons que la façade de l'église et la coupole qui la surmonte, fesant pour la place Pignote une jolie perspective.

La CONCEPTION qui se voit auprès se fait seulement remarquer par la voûte ogivale à nervures de sa chapelle, construite récemment.

La CONGRÉGATION DES HOMMES, qui est entre le Saint-Sacrement et la Conception, a une chapelle assez joliette (XVIIᵉ siècle). Elle possède un tableau de Nicolas Mignard, le *Couronnement de la Vierge.*

Saint-François d'Assise, rue Portail-Magnanen, est une maison de Sœurs garde-malades. Le couvent et la chapelle sont du gothique fait de nos jours Le couvent date de 1865. Les intéressées ont critiqué l'aménagement intérieur de l'habitation ; mais son architecte, l'abbé Pougnet, d'Avignon, fesait son début : il est devenu, depuis, un renommé bâtisseur, c'est lui qui a élevé, pour le cardinal Lavigerie, la cathédrale de Carthage. Il est décédé il y a peu d'années, un peu avant le cardinal qui est mort (en 1892).

Les sœurs de Saint François viennent d'établir une Maison de santé (1894) adhérente à leur couvent, pour les malades, avec service médical libre, disposée pour être utilisée le plus souvent pour les opérations chirurgicales. C'est une fort utile institution.

*   *

Les institutions du passé dont nous avons des vestiges, et dont on est bien aise à l'occasion d'avoir le nom et la date, sont : les Templiers, les chevaliers de Saint-Jean, les Augustins, les Cordeliers, le Verbe Incarné, les Célestins, les Dominicains, les Minimes, les Clarisses, et *extra-muros* : Saint-Véran,

Saint-Ruf, Montfavet, la Tour-d'Espagne, la Chartreuse de Bonpas (1).

Les TEMPLIERS avaient une Commanderie près de Saint-Agricol (hôtel du Louvre). Ils furent supprimés, en 1312.

CHEVALIERS DE SAINT-JEAN, déjà établis sur un autre point (place Pie), vinrent les remplacer à Saint-Agricol, dont la Commanderie leur fut cédée par la Chambre apostolique, en change de leur local précédent. Celui-ci fut dès lors appelé *St-Jean-le-Vieux*, nom qui est venu jusqu'à nous. Et les Chevaliers nommèrent la nouvelle acquisition *St-Jean-de-Rhodes :* il y en a de beaux restes dans la salle à manger de l'Hôtel du Louvre, dont les dépendances occupent le périmètre de l'ancienne commanderie. A côté, maison Roumanille, fut la livrée du cardinal Pierre de Lu-

-----

(1) Nous mentionnons pour mémoire le couvent de *Sainte-Catherine*, déjà signalé ci-devant, dont on n'voit, dans la rue de ce nom, qu'une rosace de leur chapelle transformée en magasin. Le couvent occupait presque toute l'île, entre la dite rue, celle de *Saluce* et celle des *Bains*.

Egalement pour mémoire l'église des *Antonins*, rue Figuière, devenue un grand magasin de ferronnerie. L'église des Antonins, fut bâtie en 1290, et on y éleva, en 1440, le tombeau d'Alain Chartier. Mais elle fût reconstruite de 1730 à 1745, de sorte qu'on ne peut plus espérer d'y voir le tombeau ci-dessus qui n'existe plus, et, que l'on a récemment cherché en vain On en a l'épitaphe lue sur place par Remerville, en 1730 (voir Barjavel), par conséquent avant la reconstruction.

Pont St Bénézet

Tour de Philippe-le Bel

na, que les cardinaux d'Avignon élurent en 1394, à la mort de Clément VII et qui prit le nom de Benoît XIII.

D'autre part, St-Jean-le-Vieux avait été cédé en 1370 par Urbain V pour la livrée du cardinal Corsini, archevêque de Florence. On l'appela le cardinal de *Florence* et il a laissé ce nom à la rue voisine.

Nous écrivions ce qui précède dans une rédaction première. Depuis lors, dans les premiers mois de 1899, le palais de St-Jean a été démoli et rasé. Il n'en reste que la tour de l'horloge, bien restaurée jadis par les soins de M. Pamard, et actuellement isolée. Au couchant de la rue Florence élargie. comme la rue St-Jean-le-Vieux au Nord, puis à l'Est et au Sud, se voient les rails des tramways électriques. La petite halle qui occupait la place St-Jean a été transportée à la Place des Carmes, agrandie.

Les Augustins. Leur église était très grande, elle avait 22 chapelles, Il n'en reste que le clocher, tour de l'horloge de la Carréterie.

L'horloge des Augustins a été remise à neuf en 1894, en même temps que celle de Jaquemart, et, pour cette dernière, l'heure en est réglée par un appareil électrique.

« De l'église des Augustins, la nef du milieu démolie a fait place à des cours et jardins, et les nefs latérales ont été absorbées par des habitations qui les ont dénaturées, longeant d'une part la rue Carreterie et de l'autre part la rue de l'Hôpital. » (Chaillot).

Les CORDELIERS. Leur église à trois nefs, était la plus vaste d'Avignon. Elle fut (16 octobre 1791) le théâtre de l'assassinat de Lécuyer, et par là, pour ainsi dire, e vestibule de la *Glacière*. Elle datait du commencement du XIV⁰ siècle. Il n'en reste qu'une partie de la nef latérale de gauche, sur une longueur de dix-huit à vingt mètres, qu'on a aménagée pour le collège St-Joseph, de façon à en faire un fort joli petit sanctuaire, plus le clocher qui porte une horloge publique.

Le collège St-Joseph occupe tout l'ancien local des Cordeliers depuis 1849. Une importante et luxueuse chapelle y a été bâtie pour le service de l'établissement.

Laure fut ensevelie dans l'église des Cordeliers en un tombeau de famille. En 1823, un cippe fut élevé en son honneur, sur les lieux dévastés, par un voyageur anglais Charles Kelsall ; il a été transporté au Musée Calvet, où il est placé dans le jardin.

Le VERBE-INCARNÉ, tout près de là, n'attire l'attention que par une façade assez lourde qui est de 1703. Ce couvent de religieuses n'eut jamais d'importance. La chapelle sert aujourd'hui de salle d'exercices à une école de gymnastique.

Les CÉLESTINS. Les Célestins étaient venus de Gentilly, près Sorgues, en 1393. Ils prirent ce nom quand leur fondateur devint pape sous le nom de Célestin V, en 1294. Dans leur église fut le tombeau de Clément VII. La tête de sa statue est au Musée Calvet (galeries du Moyen-âge).Cet ordre des Célestins fondit peu à peu ; en 1792, il n'y avait plus que trois prêtres et un frère.

En descendant la rue St-Michel, on a à sa droite, rasant le mur de clôture, les puissants contreforts et les ouvertures ogivales du chevet de l'église des Célestins. Cette église avait quatre nefs : elles sont assez conservées, sauf quelques manquants intérieurs. Les nefs successives furent construites par divers fondateurs, et cette église ne fut jamais finie.

Eglise et couvent ont une origine schismatique, ayant été fondés par des antipapes, Clément VII et Benoît XIII. Le couvent, par Clément VII, fut commencé en 1390, et l'église par Benoît XIII en 1395. Ces antipapes, malgré leur guerre au pape de Rome, ont eu dans leur parti des saints avérés, tels que Pierre de Luxembourg et Saint-Vincent

Ferrier, et d'autres gens de bonne foi qui ont fait leur salut dans cette obédience et que Dieu connaît ! (1)

Au nord et sur le flanc de cette église vint s'appuyer le chevet d'une chapelle élevée, en 1421, en l'honneur de St-Pierre de Luxembourg.

Au nord de cette dernière et à peu de distance de sa façade, était la petite chapelle de St-Michel plus ancienne, datant de 1347, et sanctifiant le cimetière de St-Michel ou des pauvres, que le cardinal de Luxembourg choisit plus tard par modestie pour sa sépulture.

L'ogive à nervure de cet édicule parfaitement ignoré des passants, est enfouie dans des constructions modernes ; mais on la trouve intacte à l'intérieur dans les combles. On peut y mesurer les dimensions de ce sanctuaire, une petite rotonde de sept mètres de diamètre, en prenant tranversalement de pilier à pilier.

On voit, par la disposition intérieure, que la petite chapelle s'ouvrait au midi, quand celle du cardinal s'ouvrait au nord, les deux façades étant presque nez à nez, sans être

---

(1) Le roi René (1476) fit des libéralités aux Célestins. De lui venaient et le maître-autel et le *Portement de croix* en bas-relief, qui sont présentement à Saint-Didier.

dans le même axe. La chapelle du cimetière, ayant perdu sa destination première, aurait-elle été dès lors délaissée ? Aujourd'hui le vide de séparation se trouve comblé par des constructions mesquines et incohérentes, datant on ne sait de quelle époque.

Du reste, cette église de Saint-Pierre de Luxembourg, n'eut jamais une existence conventuelle propre : elle appartint à une œuvre indépendante portant ce nom.

De nos jours le Pénitencier militaire a absorbé et les Célestins et St-Pierre Luxembourg, pour céder finalement la place à une extension de la caserne voisine (1900).

Quant à l'édicule de Saint-Michel, masqué dans l'habitation, il emprunte à tort, sous cette enveloppe, le nom du jeune cardinal qui s'y trouve voué à un débit de boisson, où le nom du saint se lit sur l'enseigne : CAFÉ LUXEMBOURG. *Sic transit gloria !*

Après la Révolution, tout ce qui restait des Célestins et de St-Pierre Luxembourg, avec le beau parc, fut des 1801, attribué à la succursale des Invalides, jusqu'à son évacuation en 1850. Le Pénitencier militaire fut bâti de 1854 à 1859, sur une partie des locaux abandonnés, et occupé, aussitôt ; il a été évacué sur Albertville en octobre 1900. Le surplus des Célestins a été absorbé par la grande rue ñouvelle en 1856, par la nouvelle caserne, construite de 1862 à 1864, et par de riches demeures.

Les Dominicains ou Frères Prêcheurs occupaient tout l'espace de la *rue* ci-devant de *Saint-Dominique* et constructions modernes y adhérentes. Le couvent fut fondé par St-Dominique en 1220. Clément V l'habita à son arrivée à Avignon en 1309. En 1323, dans la chapelle primitive, le pape Jean XXII canonisa St-Thomas-d'Aquin.

La grande église à trois nefs, dont la ruine a été consommée en ce siècle, fut bâtie à partir de 1330. Deux papes, Benoît XII et Clément VI y furent couronnés de la tiare. Le cloître fut construit en 1347. L'église s'orientait du midi au nord.

Après la Révolution, l'église devint une fonderie de canons ; elle tombe en ruines peu à peu, nous en avons vu les pans avec des restes d'arcatures. Enfin tout disparut de 1837 à 1842 pour l'ouverture d'une rue qui passe au travers par le millieu, sous le nom de Saint Dominique. A ce nom on à substitué de nos jours celui d'un poète, assez dépaysé dans un coin où ne dort aucun souvenir poétique, mais seulement quelque reste de couvent inquisitorial, dissimulé sous des revêtements modernes. Ceux qui suggèrent ces substitutions de noms ne sont pas généralement les plus savants de la compagnie.

Les MINIMES. A Saint Roch, en face de l'abattoir, est une petite façade architecturale à fronton, avec pilastres et chapiteaux ioniques, défigurée par des ouvertures récentes. C'est une œuvre du dernier siècle, qui masque, pour ainsi dire, des constructions et idées bien antérieures.

En effet, la dernière est cette église (1330) contemporaine de Jean XXII, *Notre-Dame-du-Miracle*, fameuse en son temps. Rue *Velouterie* et rue *Saint-Roch* n'existaient pas encore, car le rempart à proximité ne fut construit qu'en 1356. Quand on les ouvrit, elles furent : la rue et la porte *des Miracles*, et ainsi nommées jusque vers 1625.

Les Minimes ne sont venus là qu'en 1575. Ils ont été sécularisés en 1792, et les locaux, peu respectés par les ans et par les hommes, sont aujourd'hui affectés à des usages domestiques. Mais l'église se voit presque entière, avec ses trois nefs, ses ogives à tiers-point du XIVe siècle, son abside bien marquée par les nervures rayonnantes, et ses dix travées, y compris la sixième qui est absorbée par une habitation adhérente à la façade. Les nefs latérales sont basses.

Les CLARISSES. Les religieuses de Sainte-

Claire étaient de braves filles et naturellement elles n'ont pas d'histoire (1). C'est à
Laure de Sade qu'elles doivent de figurer
dans cet écrit . Leur couvent était, sis rue de
la Masse ; il y commençait un peu après la
rue *Pétramale* et allait jusqu'au *Petit-Para-
dis*, tenant un long espace, l'entrée de leur
église était environ au centre, à la perpendiculaire de notre rue *Hercule*, qui était dite
avant 1793, rue *Sainte-Claire.*

Or, ce fut dans cette église de Sainte-Claire
que Pétrarque vit la belle Laure le 6 avril
1327, et s'énamoura pour la vie, ainsi l'a dit
et chanté à tous les échos du temps. Elle avait
17 ans, lui 23.

Un amour aussi glorieux n'empêcha pas
Laure d'être fidèle, — c'est la version la plus

----

(1) En 1618, Richelieu, exilé à Avignon par une intri-
gue de cour, s'y logea le 12 mai, au voisinage du couvent
des Minimes, et il hanta tellement chez ses religieux,
qu'on y garde souvenir de la chambre qui y était affec-
tée. Le pape Paul V ne vit pas avec plaisir chez lui cet
hôte gênant. Mais le roi prit mal ses observations et le
pape se tut. Il paraît que l'exilé ne persista pas dans ce
logement ; car on a dit qu'il avait habité ensuite,
en notre rue de la Croix, une maison n° 9, actuellement
possédée par la famille du défunt docteur Cade. Le mur
de façade de ce logis est moderne, mais l'intérieur est
de l'époque. Richelieu y resta peu, car dès le 7
mars 1619, les nouvelles de la cour arrivèrent plus favo-
rables : les amis de la reine l'emportaient et il reçut ordre du roi de se rendre auprès de sa mère à Angoulême
et de reprendre ses fonctions auprès de la reine. Richelieu arriva à Angoulême le 27 mars.

probable, car il y en a deux (1), — à son mari, Hugues de Sade, et de lui donner beaucoup d'enfants, jusqu'à onze, dit-on, en même temps que beaucoup d'ennui sans doute, pour tant de bruit fait autour de son nom un peu au dépens de sa gloire personnelle.

D'autre part, cette grande passion n'empêcha pas non plus le poète tout *clerc* qu'il était, de recueillir, pendant ce temps, maints enfants de ses amours buissonnières, ceci tend bien à imprimer, à sa tendresse pour Laure, un caractère littéraire et d'imagination, où les sens entraient pour peu de chose et le cœur pour rien.

Laure mourut de la peste en 1348 et fut enterrée en l'église des Cordeliers, comme nous l'avons déjà vu. On croit qu'elle expira à l'hôtel de Sade, dans l'aîle septentrionale. L'hôtel de Sade *(rue Dorée)*, rafraîchi et amoindri de nos jours, est des XIVe et XVe siècles (aujourd'hui école publique).

Quant aux Clarisses qui ont fourni le point de départ de ce récit, il est convenable de finir par elles : elles furent sécularisées à la Révolution. Leur couvent occupait l'immeuble ci-devant de M. Bastide, et beaucoup plus

---

(1) Voir Gustave Bayle, *Le Tombeau de Laure. Courrier du Midi,* numéros 9 et 23 août et 6 septembre 1896.

d'étendue. Les bâtiments furent vendus en juillet et août 1796, en trois lots, pour un total de 14.166 livres.

A côté des Clarisses, et au coin de la rue Pétramale, vinrent s'établir, en 1602, dans le local actuellement de l'*Ecu de France*, des soi-disant *Observantins*, réfractaires à la réforme de leur ordre, et dits *de la grand'-manche*. Ils allèrent plus tard au couvent de Notre-Dame-des-Sept-Douleurs, rue de ce nom.

*
* *

SAINT-VÉRAN *extra-muros*. En sortant par la porte Saint-Lazare, on voit, après la bifurcation des deux routes du Pontet et de Morières, perdue dans les terres, une ferme qui fut un couvent de religieuses bénédictines, fondé vers le milieu du XIIe siècle, sous le vocable de St-Véran, évêque de Cavaillon. Elles furent délogées et saccagées par l'armée du roi de France, François Ier, qui détruisit le monastère en 1537. Les restes de la chapelle attestent, par la coupe de l'ogive, le commencement du XIVe siècle.

Le patron de ce couvent fut évêque de Cavaillon dans la dernière moitié du VIe siècle, et le couvent a laissé son nom au quartier, puis au cimetière d'Avignon, sis audit quartier. Ce champ de repos a été agrandi en 1841 dans le périmètre d'une première enceinte qu'il a gardée 52 ans, et, en 1893, il s'est étendu à l'Est dans une deuxième enceinte.

SAINT-RUF est extérieurement plus conservé que Saint-Véran, mais sa décadence est plus profonde. Toutefois Saint-Ruf a une histoire : là se sont tenus deux conciles de la province, en 1326 et 1327. Déjà l'abbaye de Saint-Ruf avait fourni deux papes, Anastase IV en 1153 et Adrien IV en 1154.

Après incendie au temps de la peste de 1722 et un long abandon (1), l'église était totalement délaissée et en ruines, lorsque, en 1763, un abbé de l'Ordre résidant à Valence en fit opérer la démolition, ne réservant que l'abside et le clocher (style roman).

Le 14 septembre 1796, Saint-Ruf fut vendu comme bien national, dépendant de la Métropole, au prix de 972 livres *effectives* (car depuis le mois de juin la circulation monétaire avait repris son cours). La chapelle fut

---

(1) Aussitôt que la peste se fut déclarée à Avignon, on fit déposer dans l'église de St-Ruf, *qui ne servait plus aux exercices des cultes*, des balles de coton suspectes, et on mura portes et fenêtres. A la fin de la contagion. ayant démuré les fenêtres, on jeta dedans force fagots de saule. sarments. paille, poudre de guerre. soufre et poix résine, puis on mit le feu (22 décembre 1722). Comme bien on pense, l'église avait été à moitié détruite par cet incendie volontaire de salubrité.

D'après Charpenne, *Réunions Temporaires*, I. 445.

mentionnée comme ayant une surface de 30 cannes carrés et le bâtiment attennant 8 cannes.

Aujourd'hui St-Ruf est tombé aux mains des vidangeurs : ce qui restait de l'église est dévolu, *proh pudor !* à l'élaboration de la poudrette qui déshonore ces lieux et infecte les alentours. Là où siégeaient des Pères de conciles, opèrent des gadouards, qu'il est triste de voir polluer de la sorte un sanctuaire jadis vénéré.

MONTFAVET fut un couvent fortifié et crénelé, que fonda, en 1330, le cardinal Bertrand *de Montefavencio*, neveu de Jean XXII. Il bâtit en même temps cette belle église qui mesure 41 mètres sur 12, et la fit desservir par un collège de 25 chanoines. Ce sont les 25 figurines à cagoule qu'on voit dans le linteau de la porte d'entrée. Cette église est d'une belle architecture ogivale.

Le cardinal y eut son tombeau en 1343. Une grande inscription murale retrace le fastes de cette fondation.

A la suite de la guerre du Schisme, Montfavet eut des destins fort mouvementés. En 1442, le pape Nicolas V remit l'église aux consuls, qui se chargèrent d'aviser à y entretenir le service religieux. Il en résulta que, à la Révolution, il n'y eut pas lieu à ce que cette église fut sécularisée. Elle ne fut ni expropriée, ni dévastée, et elle conserva intact son matériel intérieur et son ameublement. On en fit plus tard, dit-on, une annexe vicariale de Saint-Agricol. Enfin, en 1840, elle est devenue une succursale en titre.

Outre le tombeau de son fondateur, l'église possède celui d'un noble suèdois proscrit, Pierre de Cohorn, que l'archevêque Julien de La Rovère amena de Rome et fixa à Avignon, où il mourut en 1479. Ce personnage avait été chambellan et généralissime de Christian Ier, roi de Danemarck et de Suède ; il a fait souche dans le Comtat, et il y est actuellement représenté à Avignon par un honorable fonctionnaire des Ponts et Chaussées, allié à une famille locale. Ce tombeau de Cohorn, dit l'abbé Gayet, a été trouvé à la *Tour-d'Espagne*, et transporté en 1747 à l'église de Montfavet.

La TOUR-D'ESPAGNE fut ainsi dite d'un *Borosso*, cardinal de Sainte-Praxède, qu'on appelait le *cardinal d'Espagne* à cause de son pays d'origine. Il fonda, en 1398, un couvent de Dominicaines de Sainte-Praxède, non loin de Montfavet. Elles n'y restèrent que jusqu'en 1409, et vinrent habiter à Avignon une rue qui, de leur nom, s'est dite, par suite, de Sainte-Praxède. La maison qu'elles y possédèrent fut vendue par elles en 1769, et leur immeuble divisé constitua alors les propriétés de Boulbon, de Beauchamp (de l'Espine) et autres. Quant à elles, elles allèrent habiter, à Saint-Louis, le Noviciat des Jésuites, qu'elles venaient d'acquérir au prix de 83.000 livres, cette même année 1769, un an après l'expulsion de la Compagnie. Elles furent alors appelées : *Les Dames de Saint-Louis.*

Quant à la Tour d'Espagne, à Montfavet, il ne lui est resté que la partie inférieure de son clocher, quelques ogives et son nom.

La Chartreuse de Bonpas. A l'extrémité du territoire d'Avignon et à dix minutes de Caumont, s'élèvent les restes de la Chartreuse de Bonpas. Là existait, au XIIe siècle, une Association de *Frères Pontifes* ou *Frères du Pont*, à laquelle se rattache la construction d'un pont sur le Rhône, à Avignon. Bénézet en fit partie, et sans miracle, n'en déplaise à la légende, il vint tout simplement et à sa proximité diriger les travaux du pont susdit. Telle fut, paraît-il, l'opinion de M. Guyon de Crochans, évêque de Cavaillon d'abord, et qui ensuite, devenu archevêque d'Avignon (1742-1756), garda, sur son nouveau siège, un silence prudent à l'égard de Bénézet,

Au fait, peut-être Bénézet avait-il été pâtre

dans le Vivarais en son jeune âge ! Peut-être, plus tard, fit-il ce fameux voyage en Bourgogne, où le ciel lui révéla que le diable avait endommagé son œuvre ! Voilà la trame : sur cette trame se sont brodées des floritures, filles de l'imagination, et de la croyance alors universelle que le miracle est à la base de tout dans l'univers.

Par définition, qui dit légende, dit ce qui n'est pas : si c'était réel, ce ne serait pas une légende ! Néanmoins, il faut respecter, sinon la légende, du moins ceux qui y adhèrent, car ce sont gens naïfs, inoffensifs et convaincus.

En 1280, les Frères Pontifes furent remplacés à Bonpas par les Hospitaliers de Saint-Jean, et ceux-ci l'ont occupée jusqu'à la Révolution. Il reste d'eux des murs de clôture, des tourelles d'angle et une porte d'entrée machicoulisée. Nous n'avons pas à parler des transformations et embellissements dus aux modernes propriétaires.

De la promenade des Doms, nous voyons au Sud-Est, au point terminus de la montagne de Morières, les dernières tourelles du monastère fortifié.

LES RUINES

Nous venons de parcourir, parmi les œuvres debout, des amoncellements de ruines, dues tantôt à la fragilité de leurs éléments, plus souvent à la méchanceté des hommes.

De l'antiquité soit celte, soit grecque, aucune trace. De l'époque romaine, quelques blocs enfouis dans le sol, ou masqués dans les constructions modernes : comme pour l'*hippodrome*, qu'on retrouve par fragments, depuis Saint-Agricol jusqu'au milieu de la rue des Grottes, recouverts par d'autres bâtisses, à découvert exceptionnellement à la pompe de la descente de Saint-Étienne ; comme aussi pour le théâtre, à l'Est de la Vice-Gérence, et dont les substructions antiques sont noyées dans des édifications postérieures.

Le moyen-âge nous a laissé les ruines du pont, l'œuvre des papes dans nos remparts et dans l'incomparable palais. Mais ce qui étonne, c'est la médiocrité de notre architecture religieuse. En effet, Avignon n'a pas des temples à la hauteur de sa renommée. Eh bien ! cela s'explique : il y en avait et il n'y en a plus parce qu'on les a démolis, et cela récemment. L'église des Cordeliers, celle des Dominicains, même celle des Augustins, étaient supérieures, par l'ampleur et la valeur artistique, à ce qui nous est resté. Les regrets en sont plus amers !

*
* *

Malgré tout, Avignon reste une ville attrayante, avec son ciel bleu, ses perspectives lointaines, son sol fécond. La population est bienveillante et rieuse, amie des arts. Nos amateurs, nos collections, nos églises, abondent en œuvres de valeur, dues souvent à des célébrités locales. Même de nos jours, il y a une poussée artistique considérable.

Mais si les mœurs sont douces, on les accuse d'être trop faciles, abandonnées. On dit les femmes belles et dépensières. Mettons qu'on a tort sur ce dernier chef !

Déjà Pétrarque, au XIVe siècle, faisait (1) d'Avignon une ville libidineuse ; et aujourd'hui même les gens moroses prétendent qu'elle est, plus qu'une autre, vouée au plaisir.

Au VIe siècle, un personnage du nord nommé à l'évêché d'Avignon le refusa, disant que la société de cette ville est rompue aux

-----

(1) *Càm in magna Roma duo fuerint Lenones, in parva Avenione sunt undecim*, dit Pétrarque. *Leno,* maison de plaisir *(tenant)*.

lettres grecques, et qu'il ne serait pas à sa hauteur (1).

On lit dans les *Mémoires de l'Académie de Vaucluse* (tome X, page 108), qu'au XVe siècle, Avignon était la capitale intellectuelle de la Provence.

Enfin de nos jours, à côté d'une grande activité juvénile, il y a des poètes français de valeur. Et puis, cette puissante floraison des *Félibres*, qui a produit d'énormes gerbes de poésie et de prose gauloise en quantité et mérites plus grands que ne fit jamais la langue des troubadours aux siècles de leurs triomphes.

Notre ami Roumanille en est l'expression la plus vraie, avec un caractère de finesse qui lui est propre. Son établissement de librairie en fut le berceau et il en est resté le centre.

Ce qu'on peut reprocher à la nouvelle

____

(1) « On lit dans l'*Histoire des Français*, de Grégoire « de Tours, que l'an 561, Dumolus ayant été nommé à « l'évêché d'Avignon par Clotaire Ier, refusa cette « dignité, en donnant pour motif qu'il n'était pas assez « savant pour remplir les fonctions épiscopales, dans « une ville où se trouvaient des sénateurs sophistes et « des juges philosophes. »

Charpenne. *Histoire des réunions temporaires d'Avignon et du Comtat-Venaissin à la France.* Tome II, page 362.

école, c'est de n'avoir pas manifestement une valeur éducatrice.

Donc, nous avons encore aujourd'hui beaucoup d'esprit, le culte des arts et de mauvaises mœurs.

J.-C. Clément Saint-Just.

FIN

TABLE DES MATIÈRES